El Poder de los Ángeles Cabalísticos

Mónica Buonfiglio

EL PODER DE LOS ANGELES CABALÍSTICOS
Libro original *ANJOS CABALÍSTICOS*
©1993 Mónica Buonfiglio
São Paulo, Brasil

Editado por
© Prosperar Sca.
Calle 39 No. 28-20
Teléfonos: 368 1861 - 368 4938 - 368 4932
e-mail: centauro.prosperar@ibm.net
Santafé de Bogotá, Colombia

1a. edición: septiembre de 1997
2a. edición: noviembre de 1998
3a. edición: enero de 1999
4a. edición: abril de 1999
5a. edición: julio de 1999
6a. edición: octubre de 1999
7a. edición: febrero de 2000
8a. edición: marzo de 2000
9a. edición: febrero de 2001

ISBN: 958-96144-1-8

Coordinación:	Marybel Arias García
Artes:	Marlene B. Zamora C.
	Lucía Santofimio de Fandiño
Corrección:	Miguel Bravo
Traducción:	Walther Freddy Hómez Cruz
Fotomecánica:	ACER IMPRESORES
Impreso en Colombia por:	ACER IMPRESORES
	Tel.: 630 60 31 Fax: 231 80 90

INTRODUCCION

E ste libro fue escrito "exotéricamente"[1], sin ninguna pretensión literaria, para que todos puedan entender el mensaje de los ángeles. Mi principal objetivo es llevar a cada lector un poco de lo que aprendí sobre ángeles en doce años de estudio. Para escribirlo, no conté sólo con mi inspiración; utilicé muchos libros de consulta. Varios años dando charlas y haciendo presentaciones sobre el tema por todo Brasil me fueron de gran ayuda, pues cada duda de un participante se convertía en un incentivo para profundizar aún más mis conocimientos.

Como dirigente de la Oficina Cultural Esotérica, me propuse hacer este trabajo insistiendo en la idea de amar la verdad, sin preocuparme por el "instrumento" que Dios y sus ayudantes me otorgaron para la comunicación. Empecé trabajando con la potencia de los "Orishás"[2], aun cuando sea condenada por muchos como una magia primitiva. Pero, ¿qué son los "Orishás"? Nada más que DEVAS ANGELICALES, por lo que no permití que estas críticas infundadas me desviasen de mi camino. Hoy por hoy, dictando cursos sobre diversas áreas del esoterismo, llegué a una simple conclusión: todas las religiones y filosofías llevan a Dios. También comprendí que la belleza del esoterismo reside en su universalidad.

Me encontré a mí misma en este trabajo, a él dedico mi vida. Continuaré caminando para encontrar mi "grial"

---

[1] Es la forma de transmitir conocimientos a un público global, sin restricciones.

[2] Se pronuncia "Orishás". Divinidades de la religión de los iorubas, pueblo de raza negra originario del sudoeste de Nigeria (Africa Occidental), traídos a Brasil como esclavos durante la época de la colonización. [N. de T.]

interno, así como Percival, en la Corte del Rey Arturo, buscaba el "Santo Grial". Arturo y sus caballeros representan a Jesús y sus Apóstoles.

No tengo la menor intención de ser reveladora, ni quiero que me imaginen tratando de imponer mi verdad. Sin embargo, la fe en Dios me dio inteligencia y razón, me dio la seguridad de que las creencias ciegas y fanáticas no son Su voluntad. Al decir frases como: *No reclames… mira a Jesús y Su sufrimiento para salvarnos,* pedimos a las personas que se conformen con su suerte y acepten todo pasivamente, evitando así su crecimiento. Hace ya mucho tiempo que saqué a mi Jesús ensangrentado de la cruz. "Mi Jesús", que es mi Padre y mi amigo, tiene una ancha sonrisa en su rostro sereno. El problema actual de varias religiones es que intentan imponer lo que pregonan como si fueran verdades únicas y absolutas. Lo demás es "cosa del diablo". ¡Cuántas tonterías! Nada de eso puede ser cierto, porque Dios es nuestro Padre y la naturaleza nuestra madre. Dios es luz, y para sentirlo, se deben aclarar las dudas del alma.

Estamos aquí en la tierra reencarnados, después de haber escogido en el cielo a nuestros padres y a nuestra familia. Nacemos para disfrutar de la vida y disfrutamos de ella sabiendo la verdad. Para encontrar "la verdad", no puedes tener pereza; tanto la pereza como el olvido son tus enemigos. Lee muchos libros, pero sin preocuparte por encontrarlos en seguida. De algún modo ellos llegarán a ti. Lo importante es que continúes descubriendo los secretos, usando siempre la intuición y el sentido común. Tampoco te preocupes en trabajar con los ángeles exactamente como indica el libro. Puedes estudiar los dioses egipcios, los nórdicos, los célticos o los santos católicos. La cultura no importa. Todo lleva hacia Dios cuando tus pensamientos están con Él. Tú eliges la forma de comunicarte con los ángeles.

Pido a Dios que las personas menos informadas –no me refiero a las mal informadas o incultas sino aquellas con la arrogancia de autotitularse "magos" sin haber siquiera leído un libro–, los hechiceros de la magia o los que piensan ganar dinero usando el libro de los ángeles, dejen de lado la idea de tenerlo en las manos, pues la fuerza de los ángeles, al ser utilizada con otros fines, atrae la potencia del "ángel contrario", acumula karma y deja a la persona viviendo en un infierno por haber usado medios inferiores, abusando de la buena fe de las personas.

Dejaré de ser "médium pasivo" para ser "médium activo", adepto a la magia, activando mi espiritualidad con la ayuda de las potencias angelicales. Espero que este hecho sea un estímulo, en el caso de que todavía creas que para desarrollar tu habilidad de "médium" debes trabajar en forma "inconsciente". Cree en la forma de tu devenir, consciente de tus deberes y obligaciones.

Si después de estas palabras no muestras interés en conocer el mundo angelical, eso significa que todavía no hay en ti madurez suficiente (*mater*-madre, donar-amor) de espíritu (*piro*-fuego-acción) para abordar este tema. Sin embargo, eso no es definitivo. Cuando la madurez sea alcanzada, lo sabrás.

Un período de dificultad puede presentar desesperación para unos y esperanza para otros. Aprovecha para meditar sobre los hechos ocurridos y RECOMENZAR. Decía San Agustín: "Dios es paciente porque es eterno". ¡Dios no necesita perdonar, porque nunca condenó! El es justo porque es bueno. Es inútil e innecesario pedirle perdón.

Aprovecho para agradecerte por haber adquirido lo que considero mi verdad.

Mónica Buonfiglio

CAPÍTULO
1

El origen de las
criaturas celestiales

La historia de los ángeles, lamentablemente, es corta. Los egipcios ya hablaban de ellos; luego, los griegos, amantes de la precisión, se referían a los ángeles como los DAIMONES. (genio, ángel, ser sobrenatural). Pero todo esto se perdió, quemado en la época de ascensión del cristianismo primitivo de Occidente. Hoy, lo poco que nos queda deriva de los estudios cabalísticos desarrollados por los judíos, quienes fueron los primeros en creer en esta energía.

El mundo cabalístico está dividido en cuatro jerarquías energéticas: Emanación, Creación, Formación y Acción. **Emanación** es el centro de todas las energías. **Creación** es el tiempo y el espacio. **Formación** es el mundo de las especies, de las cosas concretas, que tienen forma definida. **Acción** es la fuerza por la cual cada individualidad creada reacciona y manifiesta vida. En este libro trataremos de la Formación, tercera categoría, de la cual forma parte el mundo angelical.

La palabra hebrea para ángel es MALAKL, que significa "mensajero". Las primeras descripciones de ángeles aparecen en el Antiguo Testamento. La mención más antigua aparece en Ur, ciudad del Medio Oriente, unos 4.000 años a.C. Más tarde fue introducida por el emperador romano Constantino, quien, siendo pagano, se convirtió al cristianismo cuando antes de una batalla importante vio una cruz en el cielo. En el 325 d. C., durante el Concilio de Nicea, la creencia de los ángeles fue considerada un dogma de la Iglesia. En el 343 d.C., se determinó que reverenciarlos era idolatría y que los ángeles hebreos eran demoníacos. En el 787 d.C., en el Séptimo Sínodo Ecuménico, se definió el dogma sólo en relación con los arcángeles: Miguel, Uriel, Gabriel y Rafael.

Santo Tomás de Aquino fue un estudioso del tema. El decía que los ángeles eran seres cuyos cuerpos y esencias estaban formados por un tejido de la llamada "Luz Astral". Ellos se comunican con los hombres a través de la Egrégora[3], pudiendo así asumir formas físicas.

La aureola que rodea la cabeza de los ángeles es de origen oriental. Nimbo, del latín Nimbus, es el nombre dado al disco o aura parcial que emana de la cabeza de las divinidades. En Egipto, el aura de la cabeza era atribuida al dios solar Ra y, más tarde, en Grecia, al dios Apolo. En la iconografía cristiana, el Nimbo o diadema es un reflejo de la gloria celeste y su origen u hogar, el cielo. Las alas y los halos aparecieron en el Siglo I. Las primeras representan la rapidez con que los ángeles se mueven.

Cuando el pueblo judío estaba en cautiverio en Egipto, fue santificado por la persecución sufrida. Lo que ellos sabían sobre los ángeles sufrió influencias de los egipcios, persas y babilonios, comprobándose coincidencias para los cabalistas. Por ejemplo, lo que para los hebreos eran "ángeles", para los egipcios eran "dioses" (la diosa Isis tiene alas...). En el Panteón musulmán encontramos la cita sobre Azrael y Djibril, y su correspondencia con Rafael y Gabriel. Los caldeos y otros pueblos de la antigüedad creían en los genios bueno y malo. Los romanos creían en entidades llamadas "genius".

En la época en que vivió Jesús el racionalismo provocó algunas diversificaciones en cuanto a la idea que los judíos tenían de los ángeles. Los saduceos negaban su existencia. Los tanseos la aceptaban. Las escrituras esenias, confraternidad de la que formaba parte Jesús, están repletas de referencias angelicales. En el Nuevo Testamento los ángeles

---

[3] Cadena de acontecimientos positivos que se suceden a lo largo de la vida.

aparecieron en los momentos claves de la vida de Jesús: nacimiento, prédicas, martirio y resurrección. Después de la ascención, Jesús fue colocado junto al ángel Metatron.

Algunos estudios aceptan la posibilidad de que los tres Reyes Magos fueran ángeles. Melchor, Rey de la Luz; Baltazar, Rey del Oro, Guardián del Tesoro, del Incienso y de la Paz Profunda; y Gaspar, el etíope, que entregó el incienso contra la corrupción. María llevaba a Jesús en su seno cuando fue conducida por José a Egipto. Jesús admiraba la ciencia de ese país, y tal vez esto y su trabajo como carpintero justifiquen el cristianismo primitivo, lleno de signos y parábolas.

La tradición católica dividió a los ángeles en tres grandes jerarquías, cada una, a su vez, subdividida en tres compañías:

1) *Serafines:* personifican la caridad divina.
   Querubines: reflejan la sabiduría divina.
   Tronos: proclaman la grandeza divina.

2) *Dominios:* poseen el gobierno general del universo.
   Potencias: protegen las leyes del mundo físico y moral.
   Virtudes: promueven prodigios.

3) *Principados:* responsables por los reinos, Estados y países.
   Arcángeles: transmiten los mensajes importantes.
   Ángeles: velan por la seguridad de los individuos.

Cada una de las jerarquías angelicales está regida por un príncipe y se corresponde con una letra del alfabeto hebreo:

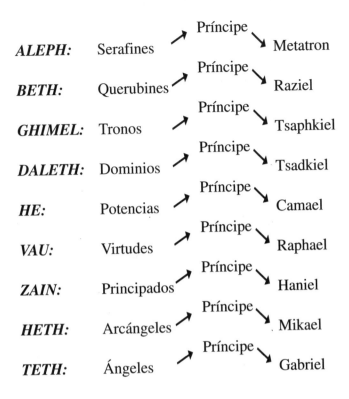

ALEPH: Serafines → Príncipe → Metatron

BETH: Querubines → Príncipe → Raziel

GHIMEL: Tronos → Príncipe → Tsaphkiel

DALETH: Dominios → Príncipe → Tsadkiel

HE: Potencias → Príncipe → Camael

VAU: Virtudes → Príncipe → Raphael

ZAIN: Principados → Príncipe → Haniel

HETH: Arcángeles → Príncipe → Mikael

TETH: Ángeles → Príncipe → Gabriel

Hacia el final del Renacimiento, el tema de los ángeles perdió importancia y permaneció en el "olvido" por muchos años.

Desde 1990, la Gran Fraternidad Blanca está limpiando el karma de la humanidad. Como el 50% de este karma ya fue eliminado, confirmamos la aparición de los intermediarios entre ángeles y hombres: gnomos, duendes, silfos, ondinas, hadas y salamandras. Son obreros de Dios, seres de luz con la misión de mantener el orden de la naturaleza.

CAPÍTULO
2

Conversando
sobre
ángeles

Al iniciar el estudio sobre cualquier tema místico, generalmente estamos llenos de temor, que desaparece, gradualmente, a medida que adquirimos el conocimiento. Esto ocurrió conmigo, cuando hace doce años me vinculé con este asunto, hacia el cual había una mezcla de miedo y respeto. Los libros que me prestaban o compraba estaban "encubiertos", eran pasados de mano en mano "debajo de las mesas". Al principio me parecía raro, pero en la medida en que fui comprendiendo, percibí que por la manera en que ellos hablaban de los ángeles, causaban mucho interés. A partir de ahí, todo comenzó a fluir fácilmente. Albert Einstein decía que hay que concentrarse en CONOCER, saber acerca de todo, y no en CREER, porque esto fanatiza y esclaviza. Estas palabras marcaron profundamente mis estudios, inspirándome a ahondar cada día más en mis conocimientos.

Tu ángel de la guarda personal está junto a ti desde el día de tu nacimiento hasta el día de la desencarnación. Es él quien va a orientar tu próxima etapa de aprendizaje en tu Yo Superior, al lado de los grandes maestros ascendidos, para un posible retorno a la Tierra. Tú escogiste tu karma antes de encarnar y vas a tener que vivirlo. Vive cada momento de tu vida intensamente. Respira vida. ¡Es demasiado bueno vivir! Enfrenta todo con el pecho abierto. Sé paciente, oye a las personas, entiende que no hay nada correcto o incorrecto. Un amigo cabalista me decía: *"Tu verdad se representa cuando señalas con el dedo índice. Tu amigo señala lo que él considera verdad con el dedo índice"*.

Los relatos de las personas que sufrieron paros respiratorios y "murieron" durante algunos minutos son unánimes en asegurar haber visto a alguien, de quien emanaba una luz intensa, que cariñosamente los encaminaba hacia algún lugar. Esas personas estaban recibiendo, en aquel momento, la ayuda del ángel de la guarda, que toma la forma más conveniente de acuerdo con las creencias de cada uno. Por ejemplo, para el espírita[4], podría ser la de un ente familiar ya desencarnado; para un umbandista[5], que cuenta con la protección del caboclo[6], la forma podría ser la de un indio.

Los problemas forman parte de la vida cotidiana. La belleza que esto encierra consiste en poder orientar a alguien con una palabra amiga y transformar tu karma y el de esa persona en Dharma[7]. Muchas personas buscan la fuerza del mundo angelical deseando alcanzar la "gracia" desde el primer día, olvidándose de que antes deben ser merecedoras de ella. Cuando pidas ayuda a cualquier entidad para resolver un problema y no seas atendido, no te enojes. Pregúntate: *¿Yo merecía esa gracia?* Ten calma y piensa. Dios es el Gran Padre y nunca nos abandona.

Muchas veces me buscaron personas desesperadas, pidiéndome ayuda porque un "santero" había aprisionado a su ángel de la guarda. En primer lugar, eso es imposible, ya que los ángeles son etéreos, no tienen consistencia ni pueden ser tocados. Además, el que se deja impresionar por estas mentiras no pensó, no razonó, igualándose en ignorancia al que trató de engañarlo. ¡Cuidado! Pensar es estar con Dios. La armonía de los ángeles con las cosas terrenales sólo se

---

[4] Personas adeptas al espiritismo, doctrina según la cual los espíritus se comunican con los vivos a través de "médiums". [T.]

[5] Personas adeptas a la Umbanda, forma cultural originada de la asimilación de elementos religiosos brasileños por el espiritismo. [T.]

[6] Indígena brasileño de piel cobriza. [T.]

[7] Significa tener conciencia del propio karma, dejar de reclamar..

consigue al pensar, ya que existe una sintonía gracias al eslabón mental. Por ejemplo, cuando una canción no te sale de la cabeza, está ocurriendo esta armonización. Cuando digo que los ángeles viven en el cielo, personas mal informadas me discuten. Si fuera cierto que viven sólo en las iglesias, tendríamos un gran problema: indios, judíos, ateos, budistas, no tendrían ángel de la guarda.

La infelicidad deja al ángel de la guarda sin acción. Cuando hablo sobre esto, la primera pregunta que surge es: *¿Para qué sirve, entonces, mi ángel de la guarda, si cuando más lo necesito no está a mi lado?* Para aclararlo, daré un ejemplo muy simple. Si vas a una fiesta y te quedas al lado de una persona que se queja y cuenta desgracias sin par, probablemente tu actitud sea la de apartarte rápidamente. Lo mismo le pasa al ángel. El no participa de la infelicidad. De nada serviría que él se quedara llorando a tu lado. Se queda en el cielo esperando y enviando ayuda mental, aguardando el momento en que decidas parar de sufrir y pueda ocurrir la transformación. ¿Recuerdas aquella vez que necesitaste un amigo, lo llamaste y con la conversación todo quedó aclarado? Puedes estar seguro de que tu ángel de la guarda le pidió ayuda al guardián del amigo al que recurriste. Lo mismo ocurre cuando tienes ganas de leer un libro o de visitar a un amigo. Ve, aprovecha, y lleva una rosa. Tal vez estés siendo el intermediario para ayudar a esa persona.

Cuando somos optimistas, el trabajo de protección del ángel es más fácil, pues nuestra aura se expande a través de nuestra mente o de nuestros sueños. El nos hace intuir la dirección correcta. Al reír, nuestra aura se desdobla. La sabiduría popular bien dice que *"el que canta... sus males espanta"*. No le desees mal ni a tu enemigo, porque se volverá contra ti duplicado. Reza por él. Los pensamientos negativos contra alguien impregnan tu aura con la de esa persona y quedan atados por un eslabón kármico, más resistente que el acero, que sólo se interrumpe con amor. Si esta relación no se deshace, podrás seguir teniendo ese lazo kármico en otras encarnaciones.

Para conversar con el ángel de la guarda, es necesario ser creativo. No te quedes "mendigando". Conversa con él como si estuvieras hablando con un niño. No presiones ni pidas resultados. Rezando, armonizas con el flujo de energía divina. A través de los Salmos puedes llegar al mundo angelical.

Al hacer un pedido, utilizas siempre el tiempo presente. Ten cuidado con la palabra "NO". Nunca digas *no quiero ser gordo, no quiero ser pobre"*, etc. Este "NO" confunde tu pedido, porque entra en el poderoso inconsciente, donde los ángeles conversan contigo durante el sueño. Ellos son etéreos y, por lo tanto, carecen de memoria o de capacidad de juzgar o interpretar el "NO".

Los ángeles están presentes, principalmente, donde hay niños de hasta siete años. Los niños pequeños generalmente tienen un amigo, "invisible" para nosotros, pero "visible" para ellos, que no tienen maldad en el corazón: es el ángel de la guarda.

Dios es la inteligencia manifestada a través de tus pensamientos, que se exteriorizan al hablar. Tu personalidad es la envoltura de tu alma. Hablar, conversar o pedirle a tu ángel son los pasos más importantes para poner en acción y movimiento lo que deseas. Ante cualquier pedido, di: *Bendito es mi deseo, porque él es realizado.*

Dios le da la razón al ser humano, por eso éste se diferéncia del animal. Superstición y hechicería están en oposición al mundo angelical y sólo se presentan cuando las personas no hacen uso de la razón. Al insistir en las creencias, los ángeles sentirán que no estás en sintonía con ellos.

CAPÍTULO
3

Los 72 genios
cabalísticos

C ábala –Kabbalah– deriva de **Kabbel**, que significa "recibimiento", "aceptación", conjunto de normas y herencias espirituales, religiosas, filosóficas y sociales recibidas por los iniciados. Consiste en un tratado filosófico-religioso, hebreo, cuyo contenido busca descifrar un sentido secreto de la Biblia, a través de una teoría y de un simbolismo de los números y las letras. La cábala es la ciencia del nombre de Dios, la tradición oculta o esotérica de los hebreos.

Existen dos tipos de cábalas: la teórica, que estudia el ministerio de la Divinidad, la creación espiritual y la renovación del mundo en siete días, y la práctica, que estudia las "Clavículas de Salomón"[8], el tarot, los talismanes, etc. La cábala práctica, por su propia naturaleza, sólo puede ser transmitida oralmente, cara a cara, y es asimilada sólo a través del desarrollo individual profundo.

Para la cábala, la letra es una potencia. La agrupación de letras forma un nombre y da origen a un poderoso centro de energía. Dios es representado por la letra Yod, décima en el alfabeto hebreo. Si juntamos al 10 las grandezas 15, 21 y 26, que según la numerología son los valores de los grupos de letras de la palabra Jehovah, tendremos como resultado 72 (10 + 15 + 21 + 26 = 72).

Como los judíos ortodoxos no pronuncian el nombre de Dios, los cabalísticos desdoblaron la palabra Jehovah, a través de los tres versículos misteriosos del capítulo 14 del "Éxodo", y agregaron los nombres divinos IAH, AEL, EL, IEL. Con estas derivaciones y terminaciones dieron nombre

---

[8] Recopilación de textos mágicos escritos por Salomón.

a los 72 ángeles. Cada uno de ellos tiene influencias sobre cinco fechas de nuestro calendario, ya que, por orden divina, cinco letras hebreas se juntaron a cada ángel. 72 x 5 = 360. Faltan 5 días (31/mayo, 12/agosto, 24/octubre, 5/enero y 19/marzo) para completar los 365 del año. Los cabalistas designaron estas fechas a los GENIOS DE LA HUMANIDAD. En la tabla que sigue, están relacionados los 72 ángeles o genios cabalísticos (como eran conocidos antiguamente) a las cinco fechas sobre las que tienen influencia. Localizando la fecha de nacimiento se descubre el número del ángel personal. En los siguientes capítulos se encuentran la jerarquía, el nombre y todos los detalles de cada uno de ellos. .

TABLA DE LOS 72 GENIOS CABALISTICOS

FECHA DE NACIMIENTO					No. de genio	Ver página
20 marzo	01 junio	13 agosto	25 octubre	06 enero	1	63
21 marzo	02 junio	14 agosto	26 octubre	07 enero	2	64
22 marzo	03 junio	15 agosto	27 octubre	08 enero	3	65
23 marzo	04 junio	16 agosto	28 octubre	09 enero	4	67
24 marzo	05 junio	17 agosto	29 octubre	10 enero	5	69
25 marzo	06 junio	18 agosto	30 octubre	11 enero	6	70
26 marzo	07 junio	19 agosto	31 octubre	12 enero	7	72
27 marzo	08 junio	20 agosto	01 noviembre	13 enero	8	74
28 marzo	09 junio	21 agosto	02 noviembre	14 enero	9	81
29 marzo	10 junio	22 agosto	03 noviembre	15 enero	10	82
30 marzo	11 junio	23 agosto	04 noviembre	16 enero	11	83
31 marzo	12 junio	24 agosto	05 noviembre	17 enero	12	85
01 abril	13 junio	25 agosto	06 noviembre	18 enero	13	86

FECHA DE NACIMIENTO

					No. de genio	Ver página
02 abril	14 junio	26 agosto	07 noviembre	19 enero	**14**	**88**
03 abril	15 junio	27 agosto	08 noviembre	20 enero	**15**	**89**
04 abril	16 junio	28 agosto	09 noviembre	21 enero	**16**	**91**
05 abril	17 junio	29 agosto	10 noviembre	22 enero	**17**	**97**
06 abril	18 junio	30 agosto	11 noviembre	23 enero	**18**	**98**
07 abril	19 junio	31 agosto	12 noviembre	24 enero	**19**	**99**
08 abril	20 junio	01 septiem.	13 noviembre	25 enero	**20**	**100**
09 abril	21 junio	02 septiem.	14 noviembre	26 enero	**21**	**102**
10 abril	22 junio	03 septiem.	15 noviembre	27 enero	**22**	**103**
11 abril	23 junio	04 septiem.	16 noviembre	28 enero	**23**	**104**
12 abril	24 junio	05 septiem.	17 noviembre	29 enero	**24**	**106**
13 abril	25 junio	06 septiem.	18 noviembre	30 enero	**25**	**112**
14 abril	26 junio	07 septiem.	19 noviembre	31 enero	**26**	**114**
15 abril	27 junio	08 septiem.	20 noviembre	01 febrero	**27**	**115**
16 abril	28 junio	09 septiem.	21 noviembre	02 febrero	**28**	**116**
17 abril	29 junio	10 septiem.	22 noviembre	03 febrero	**29**	**118**
18 abril	30 junio	11 septiem.	23 noviembre	04 febrero	**30**	**119**
19 abril	01 julio	12 septiem.	24 noviembre	05 febrero	**31**	**120**
20 abril	02 julio	13 septiem.	25 noviembre	06 febrero	**32**	**122**
21 abril	03 julio	14 septiem.	26 noviembre	07 febrero	**33**	**128**
22 abril	04 julio	15 septiem.	27 noviembre	08 febrero	**34**	**129**
23 abril	05 julio	16 septiem.	28 noviembre	09 febrero	**35**	**131**
24 abril	06 julio	17 septiem.	29 noviembre	10 febrero	**36**	**132**
25 abril	07 julio	18 septiem.	30 noviembre	11 febrero	**37**	**134**
26 abril	08 julio	19 septiem.	01 diciembre	12 febrero	**38**	**135**
27 abril	09 julio	20 septiem.	02 diciembre	13 febrero	**39**	**137**

FECHA DE NACIMIENTO

					No. de genio	Ver página
28 abril	10 julio	21 septiem.	03 diciembre	14 febrero	**40**	**138**
29 abril	11 julio	22 septiem.	04 diciembre	15 febrero	**41**	**144**
30 abril	12 julio	23 septiem.	05 diciembre	16 febrero	**42**	**146**
01 mayo	13 julio	24 septiem.	06 diciembre	17 febrero	**43**	**147**
02 mayo	14 julio	25 septiem.	07 diciembre	18 febrero	**44**	**149**
03 mayo	15 julio	26 septiem.	08 diciembre	19 febrero	**45**	**150**
04 mayo	16 julio	27 septiem.	09 diciembre	20 febrero	**46**	**152**
05 mayo	17 julio	28 septiem.	10 diciembre	21 febrero	**47**	**153**
06 mayo	18 julio	29 septiem.	11 diciembre	22 febrero	**48**	**155**
07 mayo	19 julio	30 septiem.	12 diciembre	23 febrero	**49**	**160**
08 mayo	20 julio	01 octubre	13 diciembre	24 febrero	**50**	**162**
09 mayo	21 julio	02 octubre	14 diciembre	25 febrero	**51**	**163**
10 mayo	22 julio	03 octubre	15 diciembre	26 febrero	**52**	**165**
11 mayo	23 julio	04 octubre	16 diciembre	27 febrero	**53**	**166**
12 mayo	24 julio	05 octubre	17 diciembre	28/29 feb.	**54**	**168**
13 mayo	25 julio	06 octubre	18 diciembre	01 marzo	**55**	**169**
14 mayo	26 julio	07 octubre	19 diciembre	02 marzo	**56**	**171**
15 mayo	27 julio	08 octubre	20 diciembre	03 marzo	**57**	**176**
16 mayo	28 julio	09 octubre	21 diciembre	04 marzo	**58**	**178**
17 mayo	29 julio	10 octubre	22 diciembre	05 marzo	**59**	**179**
18 mayo	30 julio	11 octubre	23 diciembre	06 marzo	**60**	**181**
19 mayo	31 julio	12 octubre	24 diciembre	07 marzo	**61**	**182**
20 mayo	01 agosto	13 octubre	25 diciembre	08 marzo	**62**	**184**
21 mayo	02 agosto	14 octubre	26 diciembre	09 marzo	**63**	**185**
22 mayo	03 agosto	15 octubre	27 diciembre	10 marzo	**64**	**186**
23 mayo	04 agosto	16 octubre	28 diciembre	11 marzo	**65**	**192**

FECHA DE NACIMIENTO

					No. de genio	Ver página
24 mayo	05 agosto	17 octubre	29 diciembre	12 marzo	66	194
25 mayo	06 agosto	18 octubre	30 diciembre	13 marzo	67	196
26 mayo	07 agosto	19 octubre	31 diciembre	14 marzo	68	197
27 mayo	08 agosto	20 octubre	01 enero	15 marzo	69	199
28 mayo	09 agosto	21 octubre	02 enero	16 marzo	70	200
29 mayo	10 agosto	22 octubre	03 enero	17 marzo	71	202
30 mayo	11 agosto	23 octubre	04 enero	18 marzo	72	203

Los genios
de la
humanidad

Según el Antiguo Testamento, la tierra colonizada por los semitas, descendientes de Sem, hijo primogénito de Noé, se llamó Canaan. Los hebreos, guiados por Abraham –gran líder religioso–, llegaron a Canaan alrededor del año 1950 a.C. En 1600 a.C., impulsados por el hambre, aceptaron la invitación de José, Primer Ministro del Faraón, y emigraron hacia Egipto, bajo el liderazgo de Jacob. Durante siglos vivieron en prosperidad, pero debido a una política xenófoba quedaron reducidos a la condición de esclavos. Durante ese período, los conocimientos sobre los ángeles cabalísticos fueron asociados con los dioses egipcios.

Como fue explicado anteriormente, cada ángel tenía influencia sobre cinco días del año. Como el calendario egipcio tenía 365 días, se consagraron los cinco días restantes a divinidades llamadas EPAGÓMENOS, que así formaban el PENTAEDRO SAGRADO. Los budistas las llamaron MAHARAJAS. Estos días se atribuyeron a personas inteligentes, que presiden las fuerzas de los elementos (tierra, aire, fuego, agua y éter) y de los elementales (gnomos, silfos, salamandras, ondinas y hadas). El poder estaba en manos del dios Horus, divino soberano de Egipto, hijo de Osiris e Isis. Su forma era la de un niño recién nacido, representado por una bóveda celeste, como símbolo de abundancia, belleza y amor. Si naciste en uno de esos días, eres considerado una divinidad kármica con la misión de cuidar a la humanidad y, una vez que hayas estudiado las características de cada ángel, podrás elegir como guardián a aquel con el que mejor te identifiques.

■ Día 19/03 - Elemento: Eter - Signo: Piscis

Protegido por la diosa Sekmet, encargada de destruir la fuerza de los enemigos del Faraón. Representada como una mujer con cabeza de león y una corona con el disco solar. Responsable por el inicio del año esotérico.

Personalidad: Posee enorme conciencia de su propia fuerza y magnetismo. Ejerce dominio sobre todos con gran facilidad. Organizado, con gran sentido del deber, desprende mucha energía en los negocios nuevos o desafiantes.

Probablemente encuentra su equilibrio al trabajar en equipo. Construye su propio bien, sin olvidar a los demás.

Genio contrario: Domina la impulsividad, las aventuras amorosas, el egoísmo y la violencia.

■ Día 31/05 - Elemento: Aire - Signo: Géminis

Protegido por el dios Tot, señor de las palabras, creador del habla e inventor de la escritura. Representado por un hombre con la cabeza del ave sagrada Ibis. Responsable por el control de los silfos y de enorme belleza.

Personalidad: Está siempre experimentando y conociendo cosas nuevas. Como los pájaros, va volando todo el tiempo de rama en rama. Busca las cosas que instigan su inteligencia. Es un investigador curioso e individualista. Tiene gran capacidad para la comunicación y practicidad al exponer sus ideas y metas. Superactivo, siempre está "inventando".

Genio contrario: Domina la naturaleza doble, el nerviosismo, la pereza y la "no fijación" a ningún amor.

■ Día 12/08 - Elemento: Fuego - Signo: Leo

Protegido por el dios Ra, principal divinidad egipcia que surgió del cielo bajo la forma de Benu, el ave Fénix que resurgió de las cenizas. Representado por una corona con un ojo al frente, en forma de serpiente: Uraes. Responsable de la organización de la fuerza de las salamandras.

Personalidad: Extrovertido, dotado de imensa energía y poder, le encanta enfrentar situaciones difíciles que siempre supera. Su energía iguala a la del sol, nació para brillar, es orgulloso y trabajador.

Genio contrario: Domina la depresión y el abuso de poder. No sabe perder, pero acepta la derrota.

■ Día 05/01 - Elemento: Tierra - Signo: Capricornio

Protegido por el dios Anubis, guardián de los muertos, responsable de "pesar" el alma en la balanza de la verdad y encaminarla hacia la salvación o el castigo. Cuida todos los secretos del mundo. Representado por un hombre con cabeza de chacal. Domina la fuerza de los gnomos.

Personalidad: Paciente, poseedor de una inteligencia aguda, tiene facilidad para exponer sus ideas, convirtiéndose así en una persona de éxito. Fiel, amigo y protegido de los dioses, es perseverante y ejerce el poder con sentido exacto de la justicia. Es un excelente consejero.

Genio contrario: Domina la impaciencia, el orgullo exagerado, el egocentrismo y la falta de modestia.

■ Día 24/10 - Elemento: Agua - Signo: Escorpio

Protegido por Osiris, Rey de los dioses, dios de la renovacion de todo lo que muere y vuelve a nacer. Representado por un hombre que tiene en las manos un cayado, símbolo de su autoridad. Escogido para gobernar la fuerza de las ondinas, posee enorme belleza.

Personalidad: Posee una inmensa capacidad de emoción, gran persistencia y una fuerte intuición que, bien canalizada, trabaja directamente con los poderes paranormales. Resiste a todas las adversidades y está siempre dispuesto a defender aquello que desea, en todas las áreas.

Genio contrario: Domina los celos excesivos, la desconfianza y el uso de la intuición en la práctica de magia negra.

Para los ángeles de la humanidad existen costumbres y leyes admirables. Deberán ser enemigos de la impureza, de la ignorancia y del libertinaje. Respetarán la divinidad y serán sublimes en sus oraciones. Las almas inmortales han vivido por muchos siglos en la Tierra. Nunca estarán sujetos a la corrupción, y no deberá existir la posibilidad de un mal principio moral. Si un genio de la humanidad transgrede estas leyes y se deja dominar por el genio contrario, su misión en la Tierra no se cumplirá y todo se volverá en su contra. La amistad o la unión de dos personas en los días gobernados por los genios es un lazo divino con Dios.

Investigadores teúrgicos (del griego *Theos*-Dios, y *ergon*-obra), grandes conocedores de la ciencia esotérica de los santuarios de todos los grandes países, practicaban la "magia ceremonial" a través de la invocación de las fuerzas de los elementales. Los teúrgicos más importantes que desarrollaron estudios sobre el tema fueron Jámblico (Iamblichius) y Porfirio. Jámblico, nacido en Siria, vivió en el Siglo III. El explicaba que estas personas podrían practicar la "magia elevada" a través de sus cuerpos celeste y mental, o sea, los pensamientos buenos son transformados en magia benévola y los pensamientos malos, en magia negra o maligna. Porfirio, perteneciente a una familia judía, nació en Tiri. Comprendió las ideas de Jámblico a los 60 años de edad. El mayor objetivo de su filosofía era la moralidad.

Invocación de los elementos de la naturaleza

La primera regla para tener éxito al invocar a los elementales es respetar la energía de la naturaleza. Invocarlos sólo para pedidos de cosas u obras grandiosas y dignas, con humildad y sin egoísmo. En lo posible, hazlo siempre junto al elemento correspondiente.

Gnomos - Con los pies descalzos, tocando la tierra.

Ondinas - Con los pies descalzos y un recipiente de agua cristalina junto a ti.

Salamandras - Con una llama encendida, ésta puede ser una vela.

Silfos - Inspirando profundamente antes de hacer el pedido y en un lugar sin ningún tipo de polución sonora o visual.

Eter - Con los pies descalzos, en un lugar tranquilo, con un incienso del aroma que prefieras.

Invoca con respeto y concentración, para que ocurra la transmutación de los pedidos a esta categoría angelical que está más próxima a nosotros, por medio del contacto con los ángeles cabalísticos. Podrás invocarlos cuando realmente sientas necesidad. Dirige tus invocaciones al príncipe Metatron, padre de los elementales. Pronuncia tu pedido en voz alta y vibrante. Si lo deseas, invoca al ángel consagrado al día de la semana en que hagas la invocación.

Recueda que el hombre parece frágil como una flor cuando tiene problemas, pero su capacidad de pensar lo convierte en el ser vivo más poderoso de la Tierra.

Gnomos - Elemento Tierra

Si es posible, conviene invocarlos durante la tarde. Es importante invocarlos con los pies descalzos, pisando la tierra. Esta invocación ayuda en la adquisición de riquezas y bienes materiales. Invoca siempre pidiendo estas riquezas para el mundo, para quienes necesitan, para los más próximos. No pidas sólo para ti, pues puede ocurrir exactamente lo contrario.

Invocación a los Gnomos

Yo os saludo, Gnomos,
Que formáis la representación del elemento Tierra;
Vosotros que formáis la base de la fortaleza de la Tierra,
Ayudadme a transformar,
A construir todas las estructuras materiales,
Así como una raíz fortifica al árbol frondoso.
Gnomos,
Poseedores de los secretos ocultos,
Hacedme perfecto y noble, digno de vuestro auxilio.
Maestros de la Tierra,
Yo os saludo fraternalmente.
Amén.

Salamandras - Elemento Fuego

Invocarlas con los primeros rayos del sol. Si esto no fuera posible, es necesario que el elemento Fuego esté presente. Lo más indicado es el uso de la vela. Esta invocación está dirigida a tener más fuerza de voluntad, coraje, vigor, entusiasmo y buenos emprendimientos. Actúa en el trabajo y en la espiritualidad.

Invocación a las Salamandras

Yo os saludo, Salamandras,
Que formáis la representación del elemento Fuego:
Pido que con vuestro trabajo
Me proporcionéis poder para resolverlo todo,
De acuerdo con vuestra voluntad,
Alimentando mi fuego interno,
Aumentando la llama de mi corazón,
Y así formar un nuevo universo.
Maestras del Fuego,
Yo os saludo fraternalmente.
Amén.

Ondinas - Elemento Agua

Invocarlas orientado hacia el Norte, cerca del agua corriente. Si esto no fuese posible, mantén cerca un recipiente con agua fresca y cristalina. Quédate descalzo. Esta invocación ayuda a obtener amor, intuición y todas las cosas positivas del agua.

Invocación a las Ondinas

Yo os saludo, Ondinas,
Que formáis la representación del
elemento Agua;
Conservad la pureza de mi alma,
Como el elemento más precioso de mi vida
y de mi organismo.
Hacedme pleno de vuestra creación fecunda,
Y dadme siempre intuición en forma noble
y concreta.

Maestras del Agua,
Yo os saludo fraternalmente.
Amén.

Silfos - Elemento Aire

Invocarlos temprano en la mañana, preferentemente caminando. Esta invocación actúa directamente sobre la condición de los pensamientos para una determinada persona, en resoluciones de negocios o de una situación preocupante.

Invocación a los Silfos

Yo os saludo, Silfos,
Que formáis la representación del
elemento Aire y de los Vientos;
Portadores de los mensajes para toda la Tierra,
Deposito en vosotros
Mi inmensa confianza,
Pues mis pensamientos son siempre positivos,
Volcados para el amor por todas las cosas
existentes.
Haced de mí la imagen del esplendor de la luz.
¡Haced de este pensamiento mi milagro!
Maestros del Aire,
Yo os saludo fraternalmente.
Amén.

CAPÍTULO
5

El genio
contrario

Se dice que algunos ángeles sintieron celos de Dios y se rebelaron. Se enamoraron de las hijas de Noé y, como transgredieron las leyes, fueron condenados a quedarse presos en el mundo inferior *(inferi)*, en esta forma activa, impensada, de fuego.

El ángel contrario actúa cuando no piensas, reacciona por instinto. La bestia representa la ausencia de razón, la pereza. Diablo ("dividido"): confusión. La intención del genio contrario es destruir tu lado fuerte, debilitándote y facilitando su acción. Un ejemplo de esto es cuando le vas a decir algo a alguien y terminas diciendo una cosa diferente. Puedes estar seguro de estar bajo la influencia del genio contrario cuando pasa algo en tu familia y empiezas a hacer juicios y a pelear sin entender. Recuerda que Dios no juzga.

Adán está representado por un árbol (el de la vida), cuyo tronco representa la humanidad; las ramas, las razas, y las hojas, los individuos. Los malos son las hojas secas, resentidas y envidiosas que caen, convirtiéndose en abono y fortaleciendo el árbol, que así dará frutos más bellos y fuertes. Los cabalistas judíos llaman a estos genios "cáscaras". De la misma manera que la cáscara gruesa de un árbol, aunque lo haga más feo, lo protege contra las plagas y la intemperie preservando la savia, la energía del ángel contrario puede ser aprovechada a tu favor, si piensas y razonas, es decir, si estás cerca de Dios.

Al perder el cuerpo (la materia) algunos seres humanos no se deshacen de la vibración energética del instinto y quedan presos en el mundo inferior, hasta que una batalla espíritu-alma-inteligencia logre la elevación orientada por el ángel de la guarda.

En una oportunidad, en un debate, me preguntaron si el ángel de la guarda podía abandonarnos. Contesté afirmativamente y algunas personas estuvieron en desacuerdo con mi respuesta. Pero, piensa: el ángel no podría estar al lado del asesino de un niño o de un secuestrador; estaría pactando con cosas horribles. Lamentablemente, lo mismo ocurre en los centros de magia negra. En ellos, las personas piden ayuda para los más diversos problemas. Se realiza, entonces, un trabajo donde se sacrifica un animal. La pobre víctima, que puede ser una gallina, un chivo u otro animal, sufre mientras esto pasa. Todos hablan de la energía de su sangre, olvidándose, sin embargo, de su "alma" o "atma", y de que ella no es movida por la inteligencia sino por el instinto. El plasma del animal permanece, concentrado en el instinto de la persona que lo sacrificó y de todos los presentes, volviéndolos cada vez más instintivos y fríos, hasta perder la compasión por los animalitos sacrificados. La energía Kundalini, que es una energía espiritual localizada en la base de la columna vertebral, no logra la ascensión porque existe una barrera. Vuelve entonces, invertida, de modo que existe la posibilidad de que esa persona sea atraída por la homosexualidad. Coincidencia o no, es grande el número de homosexuales en los centros de magia negra. Cuando el verdugo muere, no existe la evolución de su alma y ésta se queda presa en el mundo inferior. Podrá volver como asesino o violador si no sigue la orientación del mundo angelical.

Yo, que ya formé parte de varias religiones y que muchas veces fui engañada en mi inocencia y buena fe, recuerdo siempre que Dios es inteligencia y que se está con El cuando se piensa. Por esto antes de frecuentar cualquier lugar o adherir a cualquier religión o secta, averigua, pregunta y obtén informaciones. Desarrollarse como médium no es sólo vestirse con ropas blancas, sino vestir de blanco el alma.

CAPÍTULO
6

Príncipes e invocaciones

Los líderes de las jerarquías angelicales

La jerarquía angelical está formada por nueve cualidades, cada una conducida por un príncipe, que gobierna sobre ocho ángeles.

ANGELES	CUALIDADES	PRINCIPES
01 al 08	Serafines	Metatron
09 al 16	Querubines	Haziel
17 al 24	Tronos	Tsaphkiel
25 al 32	Dominaciones	Tsadkiel
33 al 40	Potencias	Camael
41 al 48	Virtudes	Raphael
49 al 56	Principados	Haniel
57 al 64	Arcángeles	Mikael
65 al 72	Angeles	Gabriel

1. Serafines - Metatron

Sephirah[9] - Kéther
Planeta: Neptuno
Príncipe: Metatron, del hebreo "Rey de los ángeles"

El ángel Metatron, príncipe de los Serafines, gobierna globalmente todas las fuerzas de la creación a beneficio de los habitantes de la Tierra. Representa el poder de la abundancia y la supremacía. Reúne en las manos el esplendor de las siete estrellas. Su número es el 314, el mismo de la divinidad Shaddai.

---

[9] Emanación de la Divinidad; inteligencia divina.

Son los ángeles del 1 al 8 los que pertenecen a esta cualidad:

1. Vehuiah
2. Jeliel
3. Sitael
4. Elemiah
5. Mahasiah
6. Lelahel
7. Achaiah
8. Cahethel

Invocación al Príncipe Metatron

Angel Metatron, luz de todos los Serafines,
Con vuestra sublime protección primordial,
Ayudadnos a la quietud de nuestros espíritus,
Para darnos fuerzas de continuar y vencer,
Siempre en nombre de la verdad,
Iluminadme siempre en todos mis caminos.

Angel Metatron, que usáis vuestra luz
divina dadme suerte,
Mantenedme siempre con confianza y con
fe en mis ideales.
Estaré a vuestro servicio,
Pues soy digno de vuestra protección.

Angel Metatron liberadme de todas
las impurezas
Que puedan perjudicarme.
¡Os pido que mis sentimientos sean
siempre exaltados y excitados!

Príncipe del mundo,
Yo os saludo,
Para tener una existencia tranquila
y que mi vida sea designada
Para trabajar repleta de amor.
Amén.

2. Querubines - Raziel

Sephirah - Hochmach
Planeta Urano
Príncipe: Raziel, del hebreo "Secreto de Dios"

El príncipe Raziel es el ángel de los misterios. Habita en Chochmak, el Imperio de las Ideas Puras. Es el príncipe del conocimiento y el guardián de la originalidad.

Son los ángeles del 9 al 16 los que pertenecen a esta categoría:

9. Haziel
10. Aladiah
11. Laoviah
12. Hahahiah
13. Yeslael
14. Mebahel
15. Hariel
16. Hekamiah

Invocación al Príncipe Raziel

Yo os saludo, Príncipe Raziel,
Guardián de la creatividad y de las Ideas Puras,
Príncipe de los Querubines,
Dadme la fuerza para trabajar,

Revelar la verdad y dar coraje a todos,
Con mis sentimientos más exaltados de bondad.

¡Hazme un vínculo para las experiencias
angelicales!
Quiero vivir con mucho amor, coraje y sabiduría,
¡Que esto·sea una constante en el Gran
Orden Celeste!
Iluminadme para continuar digno y
fuerte, para prestar
vuestros servicios de pureza.
Dadme vuestra protección.
¡Viva vuestra Luz!
Amén.

3. Tronos - Tsaphkiel

Sephirah - Binah
Planeta: Saturno
Príncipe: Tsaphkiel, del hebreo "Angel de la noche".

Tsahkiel (Auriel), Príncipe de los Tronos, está asociado con la tierra. Simboliza las fuerzas creativas en acción. Nos ayuda a contemplar el futuro.

Los ángeles pertenecientes a este grupo son del 17 al 24:

17. Lauviah
18. Caliel
19. Leuviah
20. Pahaliah
21. Nelchael
22. Ieiaiel
23. Melahel
24. Haheuiah

Invocación al Príncipe Tsaphkiel

Tsaphkiel, Príncipe de los Tronos y jefe
de los espíritus soberanos,
Que estáis al servicio de las fuerzas del mundo,
Divina fuerza cósmica que Tsaphkiel y
sus Tronos constituyen,
La estructura de la verdad, gracia y beneficio.
Permitid, Señor, que me ayude a
embellecer cada vez más mi existencia;
Permitid que tenga paciencia en la
comprensión de las Leyes Kármicas,
E iluminadme con vuestra sabiduría.
Ayudadme a ser fiel a mi verdad,
Y que mi presente sea fácil, agradable
y propicio
Para todas las realizaciones espirituales
y materiales.

No permitáis que cometa excesos,
Hazme, Señor que cuida del mundo,
Pieza del equilibrio y limpieza de las
fuerzas espirituales.
Guardadme para que pueda construir
un universo armonioso,
Para que toda existencia sea Luz.
Amén.

4. Dominaciones - Tsadkiel

Sephirah - Hesed
Planeta: Júpiter
Príncipe: Tsadkiel, del hebreo "Fuego de Dios"

Tsadkiel, Príncipe de las Dominaciones, auxilia en las emergencias y procesos que implican un juicio. Es el Príncipe de la Profecía y de la inspiración, unido a las artes y la docencia. Trae ideas transformadoras para concretar las metas de personas débiles y desanimadas. Lleva un pergamino.

Son los ángeles del 25 al 32 los que pertenecen a esta cualidad:

25. Nith-Haiah
26. Haaiah
27. Ierathel
28. Seheiah
29. Reyel
30. Omael
31. Lecabel
32. Vasahiah

Invocación al Príncipe Tsadkiel

Tsadkiel, Elohin Divino, de la gracia que
organiza las fuerzas del mundo,
Para fluir mejor con toda vuestra
capacidad de energía.
En vuestra eterna regencia venid a mí,
Para bendecirme con la verdad, la tolerancia
Y la capacidad de distinguir, evaluar y discernir.

Amado Príncipe Tsadkiel,
Pido gentilmente vuestra clemencia,
para todas las personas de bien.
Nunca me hagas débil contra mis enemigos
Y que pueda soportar todo con dignidad.
Señor Tsadkiel, bondad, justicia y sublimación,
Que las reglas de lo positivo

Bendigan mis proyectos ahora y siempre.
Amén.

5. Potencias - Camael

Sephirah - Geburah
Planeta: Marte
Príncipe: Camael, del hebreo "Auxilio y fuerza de Dios"

Camael, Príncipe de las Potencias, interfiere en las relaciones interpersonales y de disciplina. Es el encargado de recibir las influencias de Dios, para transmitirlas a los genios de esta categoría.

Los ocho ángeles son del 33 al 40:

33. Iehuiah
34. Lehahiah
35. Chavakiah
36. Menadel
37. Aniel
38. Haamiah
39. Rehael
40. Ieizael

Invocación al Príncipe Camael

Camael, Príncipe Divino de la seguridad
y la verdad,
Que trabajáis incansablemente para que la
justicia impere,
Demandad a través de vuestra energía
Cualquier mal que pueda afligirme.
Dadme la fuerza y el coraje necesarios
Para ayudar a todos los que me buscan,
Siempre de acuerdo con Vuestra Voluntad,

Pues soy digno y merecedor de vuestra confianza
Hacedme un guerrero luchador contra
las injusticias,
y que todas las tradiciones y costumbres
sean respetadas.
Protegedme y concededme una vida digna
y llena de paz.
Dadme fuerza y coraje para luchar por la
pureza de los sentimientos;
Que mi vida se mantenga así: agradable
y siempre victoriosa.
Hacedme exigir siempre la verdad.
¡Hacedme vuestro guerrero de la justicia
y el amor!
Amén.

6. Virtudes - Raphael

Saphirah - Thiphereth
Planeta: Sol
Príncipe: Raphael, del hebreo "Rapha" (curar)

Raphael es el Príncipe de las Virtudes, auxiliar de los trabajos de curación, porta un frasco dorado y un bálsamo. Trae una espada o una flecha afilada. El es la medicina de Dios. Deberá remediar los males de la humanidad y conducir a la nueva generación hacia el año 2000. Representado con un bastón, es guardián fiel de los secretos del Templo e intermediario del matrimonio legítimo.

Los ángeles del 41 al 48 pertenecen a las Virtudes:

41. Hahahel
42. Mikael
43. Veuliah
44. Yelaiah

45. Sealiah
46. Ariel
47. Asaliah
48. Mihael

Invocación al Príncipe Raphael

¡Raphael, Señor que ilumináis mi inconsciente!
Foco de la verdad de todo el universo,
Iluminad mi vida con un pequeño rayo de sol
Proveniente de Vuestra enorme llama de luz;
Haz de mí un portador de Vuestra santidad,
Transmitidme la seguridad para curar
todos los males
Materiales o espirituales, conscientes o
inconscientes.

Dadme humildad y sabiduría,
Para ayudar a todos los que lo necesiten
o sufran,
Guardadme del orgullo y de la arrogancia.
¡Oh, Príncipe Raphael!
Hacedme vuestra inspiración,
tornando así mi espíritu elevado y exaltado,
Por encima de todas las cosas.

Liberadme de la ignorancia y de la mediocridad,
No permitais que los injustos venzan a
los justos.
Hacedme operar vuestra voluntad,
Siempre de acuerdo con la conciencia
y la unión con Dios.
¡Oh, príncipe Raphael! Te agradezco
Por atender a mis pedidos
Siempre por la victoria de la luz.

Salve, ¡Oh, Príncipe Raphael!
Amén.

7. Principados - Haniel

Sephirah - Netzah
Planeta: Venus
Príncipe: Haniel, del hebreo "Gloria o Gracia de Dios"

Haniel, Príncipe de los Principados, es invocado contra las fuerzas del mal. Ayuda a resolver los problemas de amor. Era maestro de David. Recibe influencias de Dios para transmitirlas a las inteligencias de las genios de esta categoría.

Los ángeles del 49 al 56 pertenecen a la cualidad de los Principados:

49. Vehuel
50. Daniel
51. Hahasiah
52. Imamaiah
53. Nanael
54. Nithael
55. Mebahiah
56. Poiel

Invocación al Príncipe Haniel

Haniel, Divino Elohin, que sois lleno de gracia,
Trabajad para que la belleza de la Tierra
sea eterna,
Para que mis pedidos, mi verdad,
Sean alcanzados con gracia y dulzura.
Haced que en esta vida,
Todo lo que es necesario
sea utilizado con sabiduría, modestia
y humildad.

Hazme noble de carácter
En hablar, trabajar y en toda mi extensión.

Príncipe Haniel,
Príncipe del amo, hacedme optimista,
Y en condiciones de tomar siempre el
partido de lo positivo.
Hacedme sentir seguro para realizarme
en el amor,
Con toda la fuerza de los ángeles y
guardianes divinos.
Príncipe Haniel, por amor os saludo,
que este amor resplandezca y brille,
En mi ser, en mi hogar, en todas las ocasiones
y detalles;
Que triunfe ante los obstáculos.
Que vuestro gran rayo de amor me
ilumine como un diamante,
Y me bendiga en cada segundo de mi
existencia.
Amén.

8. Arcángeles - Mikael

Sephirah - Hod
Planeta: Mercurio
Príncipe: Mikael, del hebreo "Mika'El" (Quien es como Dios)

Mikael, o Miguel, es el Príncipe de los Arcángeles. Su nombre es un grito de guerra invocado para el coraje, defensa y protección divina. Está armado de escudo y espada. Es destructor de ídolos. Disputó con Satanás el cuerpo de Moisés. Proclama la unidad de Dios. El primer domingo de cada mes, a las 10 de la mañana, el arcángel Miguel está más cercano a nosotros.

Los arcángeles son los ángeles del 57 al 64:

57. Nemamiah
58. Ieialel
59. Harahel
60. Mitzrael
61. Umabel
62. Iah-Hel
63. Anauel
64. Mehiel

Invocación al Príncipe Mikael

*Mikael, que trabajáis para el resplandor
de la verdad,
Que vuestra protección permanezca conmigo,
La recibiré como un privilegio, siempre
respetando.
Permitid que camine siempre con dignidad,
Apartad de mí las ideas perversas,
Haz de mí un amigo, que sepa
discernir, comprender y nunca juzgar.*

*Ayudadme contra mis enemigos
Materiales o espirituales, conscientes
o inconscientes, y expulsadlos,
Pues la verdad es vuestro signo.
Permitid que mi intuición sea como
vuestra espada para darme protección.
Apartad de mí a las personas que quieren
inducirme a los errores.
Mi corazón está unido al vuestro y a
vuestra energía,
Que es mi verdad.
Haced de mí un mensajero fiel de*

la suprema verdad.
¡Salve, adorado Príncipe Mikael!
Amén.

9. Angeles - Gabriel

Sephirah - Yesod
Planeta: Luna
Príncipe: Gabriel, del hebreo "Gebher" (mensajero, "La Humanidad de Dios"), contó a la Madre de Jesús que su vientre era bendito.

Gabriel es el Príncipe de los ángeles. El profeta Daniel vio al Príncipe caminando sobre las aguas celestes, alrededor de la serpiente ígnea. Es el ángel de la esperanza. En el Corán, aparece como ángel de la guarda de Mahoma.

Los ángeles del 65 al 72 pertenecen a esta clase:

65. Damabiah
66. Manakel
67. Ayel
68. Habuihiah
69. Rochel
70. Yabamiah
71. Haiaiel
72. Mumiah

Invocación al Príncipe Gabriel

Gabriel, Príncipe y Señor de la visión
del mundo,
Haced que todos los sentidos de mi organismo
Sean siempre un espejo de la Ley
Universal de Dios.
Interceded, a través de mi ángel guardián,
Para que mis pedidos se dirijan al cielo,

Con la fuerza con que hicisteis el anuncio
a Nuestra Señora.
Gabriel, Príncipe Divino, yo os saludo.
Transformador de la naturaleza,
Haced que mi cuerpo y espíritu
Acumulen la luz de vuestra sabiduría.
Hacedme un ser invisible,
Contra mis enemigos, violencias y peligros.

Príncipe Gabriel,
Haced que vuestras fuerzas
Cambien los plasmas negativos de mi cuerpo
Y de mi familia, por luces cristalinas.
Transformad todo odio en amor elevado,
Haced de mí un intérprete de vuestras
intenciones.
¡Salve, oh amado Príncipe Gabriel!
Amén.

Los ángeles y los de la semana

Cada día de la semana es regido por un príncipe de las jerarquías angelicales.

El control de la semana es del Príncipe Raziel.

El control del mes del Príncipe Metatron.

Los días de la semana son comandados por:

domingo	Raphael
lunes	Gabriel
martes	Camael
miércoles	Miguel
jueves	Haniel
viernes	Tsadkiel
sábado	Tsaphkiel

CAPÍTULO
7

Los serafines

Definición: Es el nombre dado a la categoría angelical que está más cerca de Dios. Aunque sabemos que los ángeles no tienen edad ni sexo, yo diría que los Serafines son los más "viejos" y "responsables" de todos. La captación de energía que poseen es muy elevada.

Príncipe: Metatron.

Encuentro con Dios: Campo, montaña o mar. Adoran mirar el infinito.

Número de suerte: 1.

Países o ciudades con eslabón kármico: Dinamarca, Polonia, Siria, Armenia, Etiopía, Palestina, Egipto, Israel, Turquía, Arabia, Irak, Marsella, Nápoles, Georgia.

Genio contrario: Domina la agresividad, la ironía y el prejuicio.

Día de la semana: Todos, pues el control del mes es dedicado a Metatron.

Planta: Pneumus boldus.

Carta del tarot: El Mago.

Letra hebrea: Aleph.

Mapa astral: Análisis del área bajo la regencia de Neptuno.

Manifestación: En climas fríos, con lluvias o vientos.

Representación: El nacimiento, relacionado con Dios.

Personalidad: Generalmente individualistas, impulsivos, detestan la inseguridad o la imprudencia de los más cercanos. Sinceros, apasionados hasta el extremo, muchas veces no logran entender a las personas. Hacen todo en forma rápida e independiente, enfrentando la vida sin miedo. Se comportan de manera diferente del resto del grupo. Les gusta quemar energía con deportes o mucho trabajo. Frecuentan y se adaptan a cualquier lugar; son como camaleones. Estudian varias cosas al mismo tiempo y creen que Dios es la inteligencia de la mente humana. Saben dar valor y administrar el dinero que reciben por su trabajo. Tienen facilidad para la proyección astral (salida del cuerpo) y adoran conocer el futuro. En cierta manera, se sienten responsables por el destino de amigos y familiares, colocándose siempre en posiciones de liderazgo. La adolescencia es un período difícil y puede existir rivalidad con el padre. Aman a su madre.

Puntos débiles del cuerpo

- Caries dentales y gingivitis (amparo familiar, generalmente les toca tomar decisiones)
- Fiebres (su fuego interno –el instinto– está saturado)
- Gastritis (guardan para sí los problemas)
- Riñones (sufrimientos)
- Jaqueca (autocrítica)
- Visión (alguna cosa en su última reencarnación quedó unida al subconsciente, no la pueden superar).

Huesos (tal vez no fueron caritativos o se sintieron sin apoyo).

Profesiones: Medios de comunicación en general, mecánica o automovilismo, escultores, cirujanos, médicos o filósofos.

Trabajo: Les disgusta que otros los obliguen a cualquier compromiso, ya que desde niños tienen conciencia de sus deberes y obligaciones. Actúan mejor en actividades independientes o posiciones de mando. Demoran en encontrar una profesión que les dé satisfacción completa. Pasan gran parte de la vida ocupados con el trabajo, por lo que no les parece monótono. Tienen excelentes ideas, pero, ¡cuidado al administrarlas!, porque a veces son distraídos y no tienen paciencia con el dinero. Lo que en verdad les gusta es trabajar.

Sentimentalmente: No les gusta quedarse solos, pero necesitan de su espacio. Son altivos, románticos, ansiosos, posesivos y tienden al matrimonio. Cuidado con abusar de su paciencia.

Ambiente: Para anclar en su casa un Serafín, se requiere de mucha limpieza, paredes blancas, pintadas, sin insectos, toallas blancas y libros, porque el eslabón es mental.

Relación con el Maestro Ascendido: El MORYA protege a los estudiosos del esoterismo y a sus escuelas. El Maestro EL MORYA fue, en otras encarnaciones, Abraham (Príncipe de los Caldeos), Melchor (que junto a Gaspar y Baltasar llevó riquezas y conocimientos a Jesús). En el Siglo V fue Arturo.

JERARQUIA DE LOS SERAFINES

1. VEHUIAH

Nombre del ángel en letras hebreas: vau/heth/vau/yod/he.

Nombre del ángel en números: 6/8/6/10/5

Carta del tarot: La Justicia

Número de la suerte: 8

Mes de cambio: Agosto

Ejerce dominio sobre: Israel[10]

Planeta: Marte

Hora: 00:00 a 00:20

Salmo: 3

Se invoca a este ángel para emprender y ejecutar las cosas más difíciles. El que nace bajo esta influencia es curioso y está siempre en busca de la verdad. Interiormente es equilibrado y conoce el potencial de cura que tiene en las manos. Su plano astral lo protege, haciéndolo interesarse por asuntos variados. Tiene tendencia a encontrar diversos amores, pero tarda en desligarse de amores pasados. Encara todo con optimismo y, por su nobleza de carácter, se preocupa por los amigos. Adora la familia unida.

Está dotado de un espíritu gentil y astuto. Ejecutará las tareas más difíciles, siente inclinación hacia las ciencias y las artes. Inventor y creativo, es un artista inspirado. Está en la materia como precursor de un nuevo mundo. Tiene facilidad para la escritura y la oratoria, tendiendo a la vida

---

[10] Kircher designó un pueblo para cada ángel.

política. Tiene buenas maneras, y sus trabajos serán premiados y reconocidos. Le gusta la competencia; disputa siempre con generosidad, pero rompiendo todos los records. Entiende que los momentos difíciles ocurren para que haya crecimiento. Ama la vida social, y por poseer un fuerte magnetismo y carisma, podrá frecuentar la alta sociedad.

Genio contrario: Influye sobre las personas turbulentas, impetuosas y de temperamento colérico. Domina la extravagancia, la agresividad intelectual, la venganza, las escenas dramáticas, y tiene un fuerte impulso sexual.

2. JELIEL

Nombre del ángel en letras hebreas: yod/lamed/yod/aleph/lamed

Nombre del ángel en números: 10/12/10/1/12

Carta del tarot: El Ermitaño

Número de la suerte: 9

Mes de cambio: Septiembre

Ejerce dominio sobre: Turquía

Planeta: Júpiter

Hora: 00:20 a 00:40

Salmo: 21

Es invocado para calmar las revoluciones populares, ganar justa causa contra personas que atacan judicialmente y traer felicidad conyugal y paz a los esposos. Domina a patrones y a empleados, ayudando a mantener la armonía.

Quien nace bajo esta influencia hace todo en forma rápida, y cuando niño, no tiene paciencia para oir a los profesores, pues le parece que las informaciones ya están en su cabeza. Desde la infancia intuye lo correcto y lo incorrecto. En su interior, no cree estar en la Tierra por azar; sabe que su familia es kármica y siente por eso cierta obligación en ayudarla. Muy amoroso, exalta la verdad del amor universal fraterno. Sus emociones son tan fuertes, que las vive como un conjunto. Nunca se deja influir negativamente y tiene la sobriedad necesaria para dominar cualquier tipo de situación. Portador de paz donde hay conflictos, defiende la verdad y odia la violencia. Ama a los animales, las flores, los bosques y la naturaleza en general. Probablemente tenga nombre o apellido de algún santo católico y una protección "santificada". Las personas lo creen "mágico" debido a su buen humor para resolver las situaciones más diversas. Vanidoso, le gusta embellecerse, usar perfumes caros y estar a la moda.

Profesionalmente podrá brillar como director, poeta o esteticista. Descubrirá el mundo angelical a través del amor. Aprueba, en su día a día, la agilidad para hablar o escribir.

Genio contrario: Domina el egoísmo, la tiranía, la insensibilidad y la maldad; al que maltrata a los animales, desune a los esposos, es perverso con los padres, los hermanos, los niños, y siente un gran amor por sí mismo. Al salir del país, desobedece leyes internacionales.

3. SITAEL

Nombre del ángel en letas hebreas:
samed/yod/teth/aleph/lamed

Nombre del ángel en números: 15/10/9/1/12

Carta del tarot: La Fuerza

Número de la suerte: 11

Mes de cambio: Noviembre

Ejerce dominio sobre: Caldea (Irak)

Planeta: Sol

Hora: 00:40 a 01:00

Salmo: 90

Es invocado contra las adversidades. Domina la nobleza, el magnetismo personal, los grandes descubrimientos y protege de los accidentes automovilísticos y asaltos.

Bajo la influencia de este ángel se tiene mucha suerte y por eso la posibilidad de desarrollarse financieramente. Siempre está en actividad, luchando por el ascenso. Por orgullo, no pide favores. Es un luchador solitario. Bello interna y externamente y con fuerte carisma, atrae la atención de las personas. Respira vida y siente cada día en forma especial. No le gusta la palabra "destino", porque la considera cómoda. Tiene un alma elevada y muchos amigos a los que suele dar preciosos consejos. Por su amplia cultura, comprende fácilmente lo que la vida le da. Perdona a las personas que intentan perjudicarlo. A veces se muestra inhibido sin motivos, pues conoce todas las experiencias que el mundo ofrece. Es un gran transformador, acogiendo e incentivando nuevas ideas. Es simpático y gentil, le gustan las fiestas y los banquetes, aunque sea reservado en la forma de vestir. Dice lo que piensa pues no sabe disimular. Tiene recuerdos de cosas que no fueron vividas en esta encarnación y que aparecen bajo la forma de sueños. El objetivo de su personalidad, que no es más que la envoltura de su alma, será su nobleza. Pide para tener más paciencia, pensar bien antes de hablar, actuar con cautela y prudencia en todos los aspectos de la vida.

Profesionalmente, se destacará en cargos de administración, dirección, ministerios o jefaturas. También como político o conferencista.

Genio contrario: Domina la hipocresía, la ingratitud, la mentira y los rituales eróticos. La persona culpa al destino por todo lo malo que le ocurre y pasa las responsabilidades a los otros. No ayuda a nadie y es agresivo con sus protectores. Usa la sexualidad para alcanzar cargos altos, tiene muchas aventuras amorosas y una apariencia mediocre.

4. ELEMIAH

Nombre del ángel en letras hebreas:
ayn/lamed/mem/yod/he

Nombre del ángel en números: 16/12/13/10/5

Carta del tarot: La Fuerza

Número de la suerte: 11

Mes de cambio: Noviembre

Ejerce dominio sobre: Arabia

Planeta: Mercurio

Hora: 01:00 a 01:20

Salmo: 6

Se lo invoca cuando se tiene el espíritu atormentado o se necesita reconsiderar los actos. Domina los viajes, las expediciones marítimas o sicológicas, es decir, el esoterismo como fuente de conocimiento y resolución de problemas sicológicos. Ejerce influencia sobre los descubrimientos útiles y ayuda a conocer a los traidores.

El que nace bajo esta influencia tiene la potencia divina para descubrir su verdadero don. Adora abrir la mente de las personas con ideas y propuestas nuevas. A veces está triste porque hasta quienes lo quieren bien envidian su buena suerte. En su interior, siente un impulso por ayudar a los necesitados, pudiendo rehusarse a dar dinero, pero nunca trabajo. Tiene en las manos el potencial de la curación. Trabaja en varios proyectos al mismo tiempo. Por su suerte y carisma es considerado el mejor en lo que hace. Su intuición le permite tener actitudes precisas ante el mundo en que vive. Tiene fuertes presentimientos. De su inconsciente surgen explicaciones para los problemas de la vida sin necesidad de buscar a nadie. Descubrirá dentro de las filosofías fundamentales su estilo de vida. Sería interesante conocer su árbol genealógico, pues podría tener un pariente distante cuyos hechos estuviesen registrados en la historia. Tiene predisposición para rehacer su vida conociendo las sociedades primitivas, pues probablemente le gustarán la arqueología, la antropología y la etimología.

Profesionalmente ejercerá actividades relacionadas con el petróleo o algo semejante. Tiene facilidad para exponer y explorar medios inventivos, de modo que puede ser invitado para crear empresas nuevas, de alta tecnología. Podrá trabajar también como policía o agente de seguridad competente. Cada persona bajo la influencia de este ángel está en el mundo para efectuar transformaciones pero siempre con humildad y con los pies en la tierra.

Genio contrario: Interfiere en los descubrimientos peligrosos para la sociedad, en la mala educación, la pasividad ante la violencia, el sadismo y la perversión sexual. Podrá tener interés y curiosidad por tóxicos y alucinógenos. Colocará obstáculos en la realización de negocios en el comercio, la industria.

5. MAHASIAH

Nombre del ángel en letras hebreas:
Mem/heth/shin/yod/he

Nombre del ángel en números: 13/8/21/10/5

Carta del tarot: El Ahorcado

Número de la suerte: 12

Mes de cambio: Diciembre

Ejerce dominio sobre: Egipto

Planeta: Venus

Hora: 01:20 a 01:40

Salmo: 33

Se invoca a este ángel para vivir en paz con todo el mundo. Ejerce dominio sobre la filosofía y la teología, las ciencias, las artes y las profesiones liberales.

El nacido bajo esta influencia aprenderá fácil y rápidamente acerca de todo, incluso hablará varios idiomas, porque trae recuerdos de otras encarnaciones. Está siempre transformándose, naciendo, muriendo y renaciendo en todas las áreas, tanto en lo sentimental como en lo profesional. Está dotado de gran equilibrio interior, sentido de justicia, generosidad y sabiduría. No medirá esfuerzos para el crecimiento espiritual y el de su familia. Actúa siempre de acuerdo con las leyes sociales o humanas. Es un ejemplo de virtud, y la luz intensa de su aura puede ser vista claramente en los hombros y la cabeza. Su verdad está en la razón, abordada a través de estudios de filosofía. Tiene facilidad para trabajar en reuniones "mágicas", fuerzas espirituales y comunicación con los ángeles. Estará al servicio del mundo angelical. Frecuentará los centros de meditación, conferencias, congresos y seminarios espiritualistas. Conserva la conciencia cuando usa la espiritualidad. Servirá sólo a su verdad, que es su Dios. Tendrá una casa amplia, clara, cómoda, llena de flores, objetos simbólicos y, probablemente, una gran biblioteca.

Profesionalmente tendrá éxito en las artes plásticas, seguramente en la pintura, la decoración o los trabajos con objetos de arte, usando para ello un gusto refinado y un don natural.

Genio contrario: Domina la ignorancia, el libertinaje y las malas cualidades del cuerpo (comer y beber demasiado) y del espíritu (desequilibrios psicológicos). Podrá abusar de la buena fe de los amigos y familiares usando la superstición o tener tendencia a la perversión en los asuntos espirituales usando magia negra. Podrá ser fanático religioso, defensor de convencionalismos morales, hablando de leyes y dogmas sin entender o estudiar el asunto. Podrá considerarse el mejor por su buena, pero falsa, conducta.

6. LELAHEL

Nombre del ángel en letras hebreas:
lamed/lamed/he/aleph/lamed

Nombre del ángel en números: 12/12/5/1/12

Carta del tarot: Los Novios

Número de la suerte: 6

Mes de cambio: Junio

Ejerce dominio sobre: Etiopía

Planeta: Sol

Hora: 01:40 a 02:00

Salmo: 9

Es invocado contra las personas malas y para buscar iluminación en actos de sanación. Domina las artes, la fortuna, la ciencia y el amor.

Quien nace bajo esta influencia tiene fuerzas para cortar el mal. Está dotado de idealismo y equilibrio. Siempre listo para ayudar al necesitado, llega hasta a hacer sacrificios en forma desinteresada. Porta una joya rara llamada "luz interior". A veces puede faltarle fuerza de voluntad y hasta abandonar el campo de batalla, pero entones ocurre un renacimiento, la serpiente que muerde su propia cola en el sentido explícito de la regeneración.

Con su inteligencia abierta y alerta, hace que la palabra "imposible" no figure en su vocabulario. Siente la protección de Dios y del mundo angelical, y puede tener contacto psíquico con su ángel de la guarda o con inteligencias de otras galaxias. Tiene capacidad de captar mensajes y reproducirlos, entrando en sintonía con el mundo de los muertos (espiritismo) e inclusive en mover objetos inconscientemente. Lo desconocido lo atrae y lo fascina. Desarrolla en forma científica los conceptos enviados desde el Cielo y simplifica, a través de análisis y estudios, los textos tradicionales sobre los ángeles, para que todos puedan entender la belleza de esta ciencia. Trabajará para que su nombre sea honrado y conocido por todos y usará sus conocimientos para grandes causas, principalmente mejorando el nivel de vida, la conciencia y la cultura de sus semejantes. Por ser adepto de la ciencia y la tecnología no convencionales, tendrá ideas y sugerencias para la construcción de hospitales modelo y técnicas de cura espirituales o con utilización de cristales.

Profesionalmente podrá ser un excelente astrólogo, u optará por la medicina tradicional o alternativa. Obtendrá celebridad con la literatura y se especializará en temas futuristas o de ficción. Estará siempre en evidencia. Por ser amoroso y apasionado, lo colocarán en un pedestal. Su vida será sorprendente. Conquistará su propio espacio en el hogar o el trabajo.

Genio contrario: Domina la prostitución, el fraude, el plagio, la extorsión y el exceso de ambición. Usará la fuerza "invertida" de la potencia angelical para atender su egoísmo e intereses propios. Será conocido en la historia como ambicioso, peligroso, sin equilibrio. Abusará del dinero ajeno, pudiendo arriesgarlo todo en negocios fantásticos o imaginarios.

7. ACHAIAH

Nombre del ángel en letras hebreas: aleph/khaf/aleph/yod/he

Nombre del ángel en números: 1/11/1/10/5

Carta del tarot: La Rueda de la Fortuna

Número de la suerte: 10

Mes de cambio: Octubre

Ejerce dominio sobre: Armenia

Planeta: Mercurio

Hora: 02:00 a 02:20

Salmo: 102

Se invoca a este ángel para tener más paciencia. Facilita el descubrimiento de los secretos de la naturaleza y favorece la propagación del ingenio en el trabajo.

El que nace bajo esta influencia es portador de un espíritu luminoso, pero, al mismo tiempo, tiene los pies en la tierra. Mira el horizonte y tiene la mente en las estrellas. Aunque no tenga oportunidades de instrucción, tendrá influencias y conocimiento. Está siempre al acecho para no dejar escapar posibilidades y tiene protección espiritual (intuición) para aceptar riesgos peligrosos. Es obstinado, tenaz y tiene la capacidad de conocer todos los aspectos de una cuestión. Es altruista, paciente y comprensivo. Aplicará sus conocimientos sobre la naturaleza en máquinas ultra-sensibles, para contactar plantas, animales y hasta el cerebro humano.

Profesionalmente tendrá éxito como artista de televisión, de cine, o como productor en la edición de videos y películas. Será original y usará la tecnología para divulgar las artes. Podrá trabajar en la comercialización de nuevos aparatos o usar microordenadores para arreglos de medios de comunicación y sistemas de precisión.

Genio contrario: Enemigo de la luz, domina la negligencia, la apatía, la pereza y la inconstancia en los estudios. La persona influenciada estará estancada, no cumplirá promesas, no sabrá enfrentar dificultades y no poseerá altruismo o generosidad. Sólo será comprensiva si tiene las evidencias en la mano. Podrá ser militante de partidos políticos que usan la violencia y tendrá dificultad para hablar y hacerse entender. No percibirá su decadencia, por encerrarse en su pequeño mundo, que le resulta tan atractivo.

8. CAHETHEL

Nombre del ángel en letras hebreas: khaf/he/tau/aleph/lamed

Nombre del ángel en números: 11/5/22/1/12

Carta del tarot: Los Novios

Número de la suerte: 6

Mes de cambio: Junio

Ejerce dominio sobre: Georgia

Planeta: Saturno

Hora: 02:20 a 02:40

Salmo: 94 y/o 95

Se lo invoca para obtener la protección de Dios, para inspirar al hombre a elevarse y agradecerle los bienes de consumo que provienen de la tierra. Domina la producción agrícola, principalmente la necesaria para la supervivencia de hombres y animales.

El que nace bajo esta influencia posee armonía y equilibrio entre espíritu y materia, y tiene madurez y dominio sobre su "Yo". Tiene, además, visión y comprensión del mundo y sus leyes, y es fuerte para resistir y seguir adelante. Por su madurez espiritual, a veces se siente fuera de lugar entre amigos y familiares, que tienen dificultad en entenderlo. Sigue su corazón y tiene gran intuición, además de mostrarse humilde al transmitir sus conocimientos. No le teme a nada y está siempre listo para viajar y descubrir nuevos horizontes. Podrá ser un pionero en la producción agrícola, usando métodos modernos y tecnología avanzada. Su tierra será su vida y su casa, con generosa prosperidad hacia los más próximos. Aunque su éxito pueda ser atribuido a la suerte, siempre agradece a Dios por sus logros.

Profesionalmente, podrá ser agrónomo, médico veterinario, principalmente en el área de la reproducción animal. También ser propietario de ricas tierras o comerciante de productos agrícolas. Cultivará plantas aromáticas, flores y árboles frutales. Será un experto en plantas medicinales o en paisajismo. Tendrá curiosidad por las Flores de Bach y la posibilidad de fabricar perfumes con fragancias florales. Podrá alcanzar el éxito en lo que tenga relación con la tierra o la naturaleza, pues respeta y defiende sus leyes.

Genio contrario: Domina el orgullo, la blasfemia, el ateísmo y la corrupción. Hará todo lo que es nocivo para la producción agrícola, como producir mucho sólo para enriquecerse, o quemar todo sin donar nada, producir plantas nocivas de las que se extraen alucinógenos, vender tierras estériles y especular buscando ganancias inmediatas. Podrá provocar situaciones conflictivas con la familia y con los superiores, actuando contra las leyes. Sus actividades tendrán resultados mediocres.

Los
querubines

Definición: Son los bebés retratados por artistas y pintores con simpatía y gracia. Es la representación de ángeles más conocida: desnudos, con alas, gordezuelos y con una sonrisa traviesa.

Príncipe:	Raziel.
Encuentro con Dios:	Mar o montaña.
Número e suerte:	2.
Países o ciudades con eslabón kármico:	España, Italia, Francia, Bélgica, Irlanda, Cuba, Hawai, Persia, Grecia, Parma.
Genio contrario:	Domina la exigencia, los celos, la pereza y la terquedad.
Día de la semana:	Cualquiera, porque Raziel es el ángel de la semana.
Planta:	Menta.
Carta del tarot:	La Suma Sacerdotisa.
Letra hebrea:	Beth.
Mapa astral:	Análisis del área de regencia del planeta Urano.
Manifestación:	Se manifiestan cuando hay luminosidad pero la temperatura es refrescada por leves brisas.
Representación:	Cuando la naturaleza está renovando la vida, cuando hay nacimientos (partos) y el universo adquiere nuevas energías.
Personalidad:	Soportan cualquier cosa para alcanzar resultados positivos. Emotivos, lloran

cuando ven a alguien llorando y se conmueven con películas y novelas. Tienen sentimientos profundos y estables. Su confianza es conseguida en forma gradual y lenta y, como los niños pequeños, no disimulan cuando alguien no les gusta. Comprenden el mundo a su manera y dan importancia a la familia, esforzándose por atenderla de la mejor manera posible. Tímidos, generosos, cariñosos, amigos fieles, saben oir confidencias con atención. Son buenos ejecutores y tienen éxito cuando se les dan oportunidades de trabajo. No se apegan al dinero y lo usan para ayudar a los demás. Siempre perdonan y les gustan las reconciliaciones. Tienen carácter fuerte y sentido estético. Gozan de buena salud y tienen manos para la sanación. Construyen cosas duraderas, inclusive matrimonios y amistades.

Puntos débiles del cuerpo

– Cuerdas vocales (dificultad en hacer oir sus opiniones)
– Cuello (inflexibilidad)
– Garganta (les falta soltar su creatividad)
– Maxilar inferior (resentimiento)
– Problemas digestivos por comer mucho (forma de estancar o proteger impulsos de creación).

Problemas kármicos de salud

– Diabetes (muy amables, a veces con la persona equivocada, necesitan amor)

- Hipotiroidismo (mala distribución de ideas o ideales)
- Gordura localizada, especialmente en los muslos (según su criterio, no tuvo suficiente apoyo en la infancia; la grasa cubriría esa falta de calor).

Profesiones: Músicos, cantantes, escritores, periodistas, relaciones públicas, cirujanos, enfermeros, guías turísticos, esteticistas peluqueros, administradores.

Trabajo: Por su generosidad, se sienten atraídos por la medicina tradicional o alternativa, pues de ese modo su actuación al lado de los necesitados es completa. Atraídos por las artes, dada su sensibilidad para la belleza. Piensan en el éxito y no miden esfuerzos para alcanzarlo completamente. Les gusta ser bien pagos o de lo contrario pierden interés y control de las situaciones. Necesitan espacio para sus maniobras, creaciones y elaboraciones.

Sentimentalmente: Excelentes padres o madres, se sienten realizados en esa condición. Son grandes cónyuges. Demoran un poco para casarse, porque en la adolescencia han sufrido con la interferencia de reglas moralistas que los padres impusieron. Adoran observar a las personas en la calle, lo que puede incomodar a sus acompañantes. Miran con curiosidad, como los niños, y revelan su buen humor haciendo comentarios graciosos. Generosos, les gusta regalar, a pesar de no ser buenos con fechas o nombres. No les gustan los horarios y siempre están atrasados.

Ambiente: En su casa necesitan objetos coloridos, juguetes, fotos de niños y dulces.

Relación con el Maestro Ascendido: NADA, que facilita la interpretación de varios idiomas. Ayuda a tener dominio del habla terrenal y a entender el lenguaje de los ángeles. La Maestra Nada era una sacerdotisa de la Atlántida.

JERARQUIA DE LOS QUERUBINES

9. HAZIEL

Nombre del ángel en letras hebreas:
he/zain/yod/aleph/lamed

Nombre del ángel en números: 5/7/10/1/12

Carta del tarot: La Justicia

Número de la suerte: 8

Mes de cambio: Agosto

Ejerce dominio sobre: Los abisinios, habitantes de la actual Etiopía

Planeta: Luna

Hora: 02:40 a 03:00

Salmo: 24

Ayuda a obtener la gracia de Dios. Domina la bondad y la reconciliación, tiene influencia sobre las promesas sinceras y los inocentes llevados a juicio.

Quien nace bajo la influencia de este ángel tiene la gracia y la misericordia de Dios, porque sabe entender y no juzgar los errores de los demás. Sabe que las experiencias dolorosas ocurren para que valoricemos cada victoria del día a día. Tiene la protección de las personas mayores y más influyentes, por su actuación brillante en trabajos importantes. En los momentos difíciles, contará con la Divina Providencia. Tendrá a su favor las cuestiones relacionadas con la justicia; como conmutación y reducción de penas, libertad condicional y otras. Leal compañero, gran amigo, en su interior reina la nobleza de espíritu. Su crecimiento es continuo y con la seguridad de que, a pesar de los obstáculos, obtendrá siempre su merecido triunfo sobre cualquier situación. Perdona aun las ofensas más graves, cambiando a positivo el karma negativo que pueda estar acumulado. No tendrá sentimiento de culpa ni pedirá perdón por su dinero o bienes de consumo, pues todo fue conseguido con la fuerza de su trabajo. El dinero no será problema en su vida y podría hasta llegar a despreciar fortunas si tuviera que deshacerse de sus ideales. Apreciará el arte y la belleza y será protector del mundo del cine. Su espiritualidad será alcanzada a través de la conciencia. Profesionalmente, podrá ser político, abogado, juez o escritor.

Genio contrario: Domina la rabia, la arrogancia y la mistificación. Podrá comercializar las ciencias espirituales, canjear protección por favores sexuales e incentivar, con sus escrituras, manifestaciones violentas en la sociedad.

10. ALADIAH

Nombre del ángel en letras hebreas: aleph/lamed/daleth/yod/he

Nombre del ángel en números: 1/12/4/10/5

Carta del tarot: El Papa

Número de la suerte: 5

Mes de cambio: Mayo

Ejerce dominio sobre: Irán

Planeta: Júpiter

Hora: 03:00 a 03:20

Salmo: 32

Este ángel es invocado contra enfermedades y maldades. El que nace bajo esta protección tiene buen corazón, es correcto en sus emprendimientos, frecuentará las mejores sociedades y tendrá una vida social intensa. Será un ángel en la Tierra. Es comprensivo, reservado y dedicado a la persona amada. Dotado de imaginación, autoconfianza, flexibilidad y capacidad de elegir siempre el mejor camino u oportunidad. Trabajará mucho y no medirá esfuerzos para que se viva en una sociedad más justa. Será una persona portadora de armonía, cuidando bien de su cuerpo, pues su lema es *"mente sana en cuerpo sano"*. Entenderá la naturaleza y los ciclos de la vida.

Profesionalmente podrá tener éxito en la medicina, instituciones, hospitalarias, psiquiatría, asistencia social o enfermería y en emprendimientos farmacéuticos o fitoterápicos. Por su imaginación, sus hobbies podrían ser escribir historias ficticias o romances policiales, que sorprenderán por la precisión de los hechos.

Genio contrario: Domina la inhibición, la infidelidad, la inteligencia en la salud y los negocios, la tendencia a las drogas o al alcohol y el tabaco. No sabrá usar para el bien su fuerza interior y podrá encubrir crímenes y recibir contrabandos.

11. LAOVIAH

Nombre del ángel en letras hebreas: lamed/aleph/vau/yod/he

Nombre del ángel en números: 12/1/6/10/5

Carta del tarot: El carro

Número de la suerte: 7

Mes de cambio: Julio

Ejerce dominio sobre: Los latinos

Planeta: Saturno

Hora: 03:20 a 03:40

Salmo: 17

Este ángel es invocado contra fraudes y para obtener victorias. Tiene influencia sobre los grandes personajes que marcan la historia y ayuda al hombre a conseguir lo que desea por su talento natural. La ayuda vendrá a través de las experiencias de vida.

Quien nazca bajo esta protección descubrirá muchas cosas que usará en forma práctica día a día. Será célebre por sus actos, mejorando la personalidad con cada nueva experiencia. Tendrá sentimientos fuertes y duraderos por todos aquellos con los que se relacione, pues tiene inmensa capacidad de amar. Tendrá éxitos y estabilidad financiera. Enamorado de la filosofía, entenderá fácilmente el mundo de los elementales. Enfrentará grandes desafíos, tanto en la vida sentimental como profesional.

Profesionalmente, tendrá éxito en cualquier actividad, ya que, con su coraje, ningún obstáculo será suficiente para detenerlo. Podrá ser estrella en el mundo político y en la vida social. Podrá actuar como periodista o ser un célebre romanticista. Como hobby, se dedicará a la moda, el arte, la decoración o la artesanía.

Genio contrario: Domina la indelicadeza, la ambición, la precipitación y los celos. La persona dominada por este genio no sabrá respetar la victoria ajena y usará la calumnia para eliminar a sus competidores. Podrá actuar superficialmente y buscar amistades sólo por interés financiero. Tendrá un amor propio exagerado con tendencias al narcisismo.

12. HAHAHIAH

Nombre del ángel en letras hebreas:
he/he/ayn/yod/he

Nombre del ángel en números: 5/5/16/10/5

Carta del tarot: El Papa

Número de la suerte: 5

Mes de cambio: Mayo

Ejerce dominio sobre: Grecia

Planeta: Neptuno

Hora: 03:40 a 04:00

Salmo: 9

Actúa contra los adversarios y hace revelaciones, principalmente en sueños, de los misterios ocultos.

El que nace bajo esta influencia tiene una personalidad fuerte, sagaz, espiritual y discreta. Su fisonomía es agradable y sus maneras, amables. Es sereno, cordial y actúa con moderación y equilibrio. Tiene una gran felicidad interna y comprende a la gente y al mundo con facilidad. Seguirá fielmente las lecciones de su ángel, estudiando cada información minuciosa y didácticamente. Su misión en la Tierra será hacer que las personas estudien y alcancen el conocimiento a través de los libros. Tendrá un fuerte sentimiento fraternal y un don especial para cuidar a los que han sido abandonados en casas de reposo y asilos. Siempre con buenos consejos, calmará a las personas nerviosas. Actuará de acuerdo con la ley y será ejemplo vivo con sus actitudes siempre exitosas. Su voz interior estará sincronizada con las leyes del universo. Tendrá éxito en el mundo esotérico pues la magia será algo natural en su vida. Apreciará las ciencias esotéricas, en especial las orientales. Verá naturalmente el aura de las personas, pues será espontáneo y repleto de paz. Su relación con el sexo opuesto será fácil por su carisma y belleza.

Profesionalmente estará en actividades ligadas a la medicina y psicología, y hasta puede llegar a ser autor de tratados psicológicos. Como pasatiempo, elaborará algo relacionado con cosméticos, prótesis u objetos destinados a mejorar la apariencia de personas con defectos físicos.

Genio contrario: Domina la indiscreción, la desadaptación, la delincuencia y la disponibilidad sexual. Podrá usar alucinógenos para alcanzar el éxtasis espiritual y abusar de la confianza de las personas, especialmente mujeres, molestándolas sexualmente. Su refinamiento será una mentira para atraer a sus víctimas.

13. YESALEL

Nombre del ángel en letras hebreas: yod/zain/lamed/aleph/lamed

Nombre del ángel en números: 10/7/12/1/12

Carta del tarot: Los Novios

Número de la suerte: 6

Mes de cambio: Junio

Ejerce dominio sobre: Ilirianos, habitantes de Ilíria, antigua región montañosa de la costa septentrional del Adriático.

Planeta: Saturno

Hora: 04:00 a 04:20

Salmo: 97

Facilita las amistades y actúa en la felicidad conyugal. Ayuda a entender todas las situaciones.

El que nace bajo esta influencia tiene memoria prodigiosa, intelectualidad perfecta y capacidad para entender todo en forma lógica, inclusive los asuntos místico-religiosos. Su cuerpo espiritual funciona con perfección. Luchará por la unión familiar y la fidelidad. Productor de grandes reconciliaciones, será famoso, y reconocido por su trabajo. Tendrá ideas que envuelvan trabajos comunitarios, relacionados con la creación de instituciones de defensa de la familia. Será fiel en la demostración de amor a una única persona. Su habilidad para aceptar la vida como es, sin quejarse de nada, hará que esté siempre rodeado de amigos a los que entiende y no juzga. Será profundo conocedor de sí mismo, un filósofo nato.

Profesionalmente, tendrá éxito como abogado especialista en asuntos matrimoniales o como consejero conyugal. Tendrá participación activa relacionada con asociaciones culturales.

Genio contrario: Domina el capricho, la tiranía, la mentira, la frialdad, la ignorancia, el error y la incoherencia. La persona influenciada podrá tener el espíritu limitado y mistificador, reír de quienes están aprendiendo a escribir sobre asuntos que conoce apenas superficialmente. Sentirá placer en ver parejas separadas y desuniones familiares.

14. MEBAHEL

Nombre del ángel en letras hebreas: mem/beth/he/aleph/lamed

Nombre del ángel en números: 13/2/5/1/12

Carta del tarot: Los Novios

Número de la suerte: 6

Mes de cambio: Junio

Ejerce dominio sobre: España

Planeta: Júpiter

Hora: 04:20 a 04:40

Salmo: 9

Angel de la justicia, la verdad, la libertad, libera a las personas que se sienten deprimidas o prisioneras, protege a los inocentes y hace conocer la verdad.

Quien nace bajo esta influencia será un codificador de sueños, conocedor de las leyes materiales y espirituales, que practica sin utopía. Portador de buenas noticias, será magnífico defensor de los inocentes. Su ego y presencia de espíritu marcarán su día a día con la nobleza y la dignidad de los dioses. A veces sentirá que está viviendo algo que ya vivió en otra dimensión o en otra vida. Su vida será una transformación hacia la regeneración espiritual. No perderá tiempo con futilidades y en cualquier ambiente será centro de atenciones por su sabiduría, sentido común, serenidad e intuición. El ángel de la guarda le pide que muestre este conocimiento, un legado de otras encarnaciones, para personas que necesitan ayuda. Para esto, tendrá el don de la oratoria, fuerte capacidad de elegir y de discernir.

Profesionalmente, podrá brillar en la abogacía, como autor de textos jurídicos, o especializarse en procesos que comprobará usando mitos históricos. Su lucha por una sociedad más justa será reconocida a nivel internacional. Promoverá actos contra el genocidio y será "inmortal".

Genio contrario: Domina la calumnia y la habilidad para mentir. Utilizará dinero para incriminar a los inocentes y favorecer a los culpables. Hablará de una conexión inexistente con el mundo celeste. Será un codificador severo. Autor de leyes duras que exigen sacrificios. Manipulará a los crédulos, a través de efectos técnicos o escénicos, usando magia negra. Especialista en divorcios, podrá comprometer al cónyuge con falsas acusaciones.

15. HARIEL

Nombre del ángel en letras hebreas:
he/resh/yod/aleph/lamed

Nombre del ángel en números: 5/20/10/1/12

Carta del tarot: El Ahorcado

Número de la suerte: 12

Mes de cambio: Diciembre

Ejerce dominio sobre: Italia

Planeta: Marte

Hora: 04:40 a 05:00

Salmo: 93

Es invocado contra los incrédulos de la religión. Su influencia está relacionada con los sentimientos religiosos, distinguidos por la pureza. Ayuda a descubrir lo útil y nuevo, protegiendo las ciencias y las artes.

El que nace bajo esta influencia tiene gran pureza de sentimientos. Es simple, pero refinado para los valores materiales y sociales. Irresistiblemente perfecto, tenderá a los estudios esotéricos, organizando asociaciones, promoviendo conferencias relacionadas y trabajando para la legalización de actividades esotéricas o alternativas. Tendrá iluminación consciente, religiosidad exaltada, e instituirá ritos y costumbres que contribuirán con la expansión de la espiritualidad. Tendrá poder para las invocaciones mágicas y combatirá el materialismo para mejorar la existencia humana. Contará con una inteligencia analítica y una autoridad extraordinarias. Poseerá un fuerte sentimiento de justicia, encontrará siempre iluminación para descubrir el camino a seguir. Realista, tendrá siempre los pies en la Tierra. Le resultará fácil aprender, crear y estudiar. Siempre bien-humorado, mostrará que la vida es simple sin complicarla. Su ángel le pide que haga las cosas rápidamente, sin perder tiempo. Un año, para él, equivale a cinco años vividos por otra persona.

Profesionalmente se inclinará por ser profesor, abogado, artesano, restaurador y estudioso de pinturas y objetos antiguos.

Genio contrario: Domina los cataclismos y las guerras religiosas. Influye a los herejes en la propagación de métodos peligrosos, dificultando el descubrimiento de nuevos métodos y apoyando manifestaciones contrarias a los movimientos esotéricos. Tendrá una percepción individual y egoísta de la espiritualidad, y hasta podrá llegar a autodenominarse gurú o guía espiritual, formando grupos para hacerse adorar. Será brillante defensor y propagador de doctrinas erróneas y gran organizador de guerras religiosas a escala internacional.

16. HEKAMIAH

Nombre del ángel en letras hebreas: he/qof/mem/yod/he

Nombre del ángel en números: 5/19/13/10/5

Carta del tarot: El Carro

Número de la suerte: 7

Mes de cambio: Julio

Ejerce dominio sobre: Francia

Planeta: Marte

Hora: 05:00 a 05:20

Salmo: 87

Protege a las personas que ocupan posiciones de mando. Ayuda a combatir a los tratantes, a obtener victorias y a liberar a los oprimidos. Interfiere en el coraje y la fidelidad.

Quien nace bajo esta influencia tiene un aura natural de paz. Su sinceridad se refleja en la nobleza y en la autoridad y prestigio de su personalidad. Fiel a su juramento, tiene un carácter franco y leal, pero a la vez enérgico y susceptible a las cuestiones de honor. Es preocupado con su familia y sus hijos serán prioritarios, aunque el matrimonio haya acabado. Querido por todos, será respetado por su sensibilidad. Vivirá cada minuto con ternura, amor, esperanza y deseará a todos una existencia digna como la suya. Le gustará estar siempre cambiándolo todo, desde la posición de los muebles, restauraciones y pinturas de su casa, hasta su apariencia física, con la que tiene cuidado y atención. Muy sensual, apreciará guardar imágenes de sus amores, como exteriorización de los sentimientos del pasado.

Profesionalmente tendrá éxito trabajando en lo legislativo, Corte Suprema, justicia, o, por su facilidad para hablar diferentes idiomas, en actividades relacionadas con la cultura. Podrá ejercer profesiones ligadas a las finanzas, el mercado financiero, el periodismo, las relaciones públicas, las comunicaciones, o aquellas relacionadas con el arte, la belleza y la estética.

Genio contrario: Domina las traiciones, la infidelidad, la seducción y la rebelión. También la obtención de dinero ilegal, como en la compra y venta de automóviles robados, usando la fuerza física para hacerse entender y diseminar drogas peligrosas. Hará uso de cartas anónimas y se envolverá en tramas de la vida familiar. Hipnotizador, "médium consciente", podrá usar prácticas orientales para arruinar lo que las personas consideran santo.

Los tronos

Definición: Es el nombre dado a la categoría angelical que inspira en los hombres la belleza y el arte. Son representados en las pinturas como ángeles jóvenes y bellos, sosteniendo un arpa, una cítara u otro instrumento musical.

Príncipe: Tsaphkiel (Auriel)

Encuentro con Dios: Mar, lagos, montañas abiertas con sol, claridad y música.

Número de suerte: 3

Países o ciudades con eslabón kármico: Irlanda, Polonia Hungría, Alemania, Austria, Inglaterra, Holanda, Milán, Amsterdam, Venecia, Nueva York, Moscú.

Genio contrario: Dominan la agresividad, la venganza, el aislamiento y la represión.

Día de la semana: Sábado.

Planta: Phyllanthus niruri

Carta del tarot: La Emperatriz.

Letra hebrea: Ghimel

Mapa astral: Analiza áreas bajo la regencia de Saturno.

Manifestación: Se manifiestan cuando hay un poco de humedad en el aire.

Representación: El verano, el sol calentando la tierra.

Personalidad: Son muy sentimentales y están siempre listos para ayudar. Aun sin oportunidades de estudio, saben hablar con perfección sobre cualquier tema. Externamente parecen retraídos y tímidos, pero en realidad son desconfiados y evitan situaciones que puedan causar sufrimiento. Cuestionan todo, en especial las religiones, pero sienten necesidad de creer religiosamente en algo, de modo que es habitual que consulten los oráculos. Tienen facilidad en hacer proyecciones astrales y cortar, a través de los sueños, cosas malas que podrían pasar. Las pesadillas que tienen frecuentemente son, en realidad, los cortes hechos a través de la comunión de su espíritu con su ángel de la guarda. Tienen el gran defecto de no saber imponerse, decir "no". Se sienten lastimados y sufren callados por actitudes de personas negativas. Son románticos y les gusta quedarse solos oyendo música o en silencio. Dulces y tiernos, sólo producen en el trabajo si todo está bien, principalmente el aspecto afectivo. No actúan en forma instintiva e impensada; oyen siempre su voz interior, su corazón.

Puntos débiles del cuerpo

— Senos (necesidad, a veces incomprendida, de tratar a todos como hijos)

— Ovarios (es el centro de la creación, negación de la creatividad)

— Trompas (dificultad en verbalizar los sentimientos creativos)

– Anemia leve (falta de autoconfianza).

Problemas kármicos de salud

– Cicatrización o recuperación difíciles
– Dilatación del estómago (forma de protección para seguir adelante)
– Retención de líquidos, problemas de presión, agua en el cuerpo (exceso de intuición no liberada, miedo).

Profesiones: Profesores, abogados, astrólogos, psicólogos (de adolescentes), pediatras, pedagogos, músicos, poetas, artistas de plástica o de teatro, bailarines, artesanos y actividades relacionadas con la naturaleza.

Trabajo: Por su instinto fraternal, su profesión está ligada a intereses conjuntos o comunitarios. Podrán trabajar con socios, si éstos están relacionados en alguna forma con su familia. No les gusta invertir en una causa propia. Se muestran tranquilos en todas las situaciones, transmitiendo seguridad, por eso son buscados para gerenciar personal.

Sentimentalmente: Son un poco complicados y pueden confundir la amistad con el amor. Son pacientes y tienden a esperar solos por el amor ideal, apegados a recuerdos del pasado.

Ambiente: Necesitan música y tranquilidad.

Relación con el Maestro Ascendido: VENUSIANO, protector del misterio sagrado, del arte, de la paz y de la gracia. Paulo Venusiano sirvió en la Atlántida y partió hacia Perú. Enseña a controlar, y no exorcizar, las fuerzas.

JERARQUIA DE LOS TRONOS

17. LAUVIAH

Nombre del ángel en letras hebreas:
lamed/aleph/vau/yod/he

Nombre del ángel en números: 12/1/6/10/5

Carta del tarot: El Carro

Número de la suerte: 7

Mes de cambio: Julio

Ejerce dominio sobre: Alemania

Planeta: Sol

Hora: 05:20 a 05:40

Salmo: 8

Es invocado contra los tormentos del espíritu y contra la tristeza. Predispone a dormir bien. Favorece las ciencias, los descubrimientos maravillosos y hace revelaciones en sueños.

El que nace bajo su influencia tiene habilidad para entender mensajes y revelaciones simbólicas. El mundo celeste se manifiesta a través del inconsciente, ocurriendo premoniciones o imágenes de mundos superiores. Su facultad psíquica se manifiesta en los pequeños detalles, como música, poesía, literatura y filosofía. Su nobleza de carácter irradia una luz intensa en su espíritu. Interiormente sabe de su parte "mágica", capaz de conseguir todo lo que desea, en especial si el pedido es hecho para otra persona. Aquello que sueña realizar se vuelve realidad. Podrá ser el apoyo de su familia o de su local de trabajo. Sus bienes materiales serán obtenidos con mucha lucha y sufrimiento. Tendrá reacciones agradables y reconfortantes con personas cercanas. Entenderá la tristeza, pues sabrá conocer los mecanismos internos del ser humano. Le gustará la cábala, la filosofía y será una persona culta. Su ángel de la guarda le exige lecturas diversas, desde un periódico hasta libros especializados.

Profesionalmente, ejercerá actividades ligadas a la medicina, la filosofía, el esoterismo y la comunicación social, o fabricará juguetes, aparatos eléctricos, papeles (libros) o productos farmacéuticos, principalmente relacionados con el sueño.

Genio contrario: Domina el ateísmo, la vida perniciosa y la mentira. Podrá ser un falso profeta o mago, un "bon vivant"; también, atacar dogmas religiosos, fabricar drogas malignas o libros u objetos que defiendan teorías erróneas.

18. CALIEL

Nombre del ángel en letras hebreas: khaf/lamed/yod/aleph/lamed

Nombre del ángel en números: 10/12/10/1/12

Carta del tarot: La Rueda de la Fortuna

Número de la suerte: 10

Mes de cambio: Octubre

Ejerce dominio sobre: Polonia

Planeta: Mercurio

Hora: 05:40 a 06:00

Salmo: 7

Ayuda frente a las adversidades, a conocer la verdad de los procesos, al triunfo de los inocentes y a confundir a los malvados.

El que nace bajo esta influencia es inteligente, irreverente, carismático y tiene un magnetismo personal fuerte. Tiene una intuición extraordinaria para descubrir la verdad y le basta una mirada para identificar la verdadera intención. No le gustan las cosas vagas, abstractas, sino entender todo en detalle. Es sagaz, paciente y perseverante al analizar situaciones, en forma fría y objetiva. Es incorruptible, ama la justicia, la verdad y la integridad, analiza con amor cada manifestación de la vida cotiana. Su lógica será irrebatible. Es un verdadero "mago" que logra realizar milagros, porque su fe es inalterable.

Profesionalmente, será abogado, periodista, escritor o magistrado.

Genio contrario: Domina la intriga, la magia negra, la perversidad y el gusto por el escándalo. Podrá ser mentiroso, autor de cartas anónimas y de escritos difamadores. La justicia será pretexto para manifestaciones de rabia o venganza. Podrá envolverse en escándalos para atender a altos dignatarios.

19. LEUVIAH

Nombre del ángel en letras hebreas: lamed/vau/vau/yod/he

Nombre del ángel en números: 12/6/6/20/5

Carta del tarot: El Ahorcado

Número de la suerte: 12

Mes de cambio: Diciembre

Ejerce dominio sobre: Hungría

Planeta: Venus

Hora: 06:00 a 06:20

Salmo: 39

Ayuda a obtener la gracia de Dios y actúa sobre la memoria y la inteligencia.

El nacido bajo esta influencia es amable, jovial, modesto en sus palabras y simple en su forma de ser. Soportará las adversidades con paciencia y resignación, pues sabe que representan una forma de evolución material y espiritual. Curioso, estará siempre dispuesto a aprender y pasar por nuevas experiencias. Será culturalmente refinado, amará la música, la poesía y las artes. Tendrá protección contra sus adversarios, los que quieran perjudicarlo y los que usen su nombre inadecuadamente, que será como una muralla de luz etérea, invisible para las personas comunes. Mostrará dominio sobre los acontecimientos de su vida. Alcanzará la gracia de Dios cuando permanezca firme y decidido en la lucha por sus ideales.

Profesionalmente, estará en actividades relacionadas con la arqueología, museos y conservación de la memoria del pasado a través de libros y archivos. Como hobby, podrá trabajar en la fabricación de objetos para contactar a los ángeles o con manuales para desarrollar y fortalecer la memoria.

Genio contrario: Domina la inmoralidad, la desesperación, las pérdidas y el derroche. Podrá usar objetos personales para hacer hechizos. Estará contra las leyes sociales e interpretará malamente textos sagrados y arcaicos. Podrá tener una visión apocalíptica del mundo.

20. PAHALIAH

Nombre del ángel en letras hebreas:
phe/he/lamed/yod/he

Nombre del ángel en números: 17/5/12/10/5

Carta del tarot: La Muerte

Número de la suerte: 13

Mes de cambio: Enero y/o abril

Ejerce dominio sobre: Moscú

Planeta: Luna

Hora: 06:20 a 06:40

Salmo: 119

Ayuda a descubrir los enigmas de las religiones y a convertir al cristianismo. Domina la religión, la moral, la teología y ayuda a encontrar la verdadera vocación.

El nacido bajo esta influencia desarrolla desde temprano una personalidad fuerte. Es un auténtico luchador, que pelea siempre por sus ideales. Es un optimista y disfruta de vivir en paz con todos. Trae a esta vida las experiencias anteriores, principalmente en relación con la familia y los hijos. No sabe vivir solo y necesita un compañero fiel para ser feliz. Aparenta menos edad de la que tiene, y parece tener mucho dinero, a pesar de que, a veces, no tenga nada. Su ángel es enérgico cuando él se adapta a alguna situación. El trabajo con los ángeles lo ayudará materialmente. Estudiará la cábala y entenderá que el mundo invisible es tan armónico como el visible. Será un intelectual.

Profesionalmente, tenderá a seguir la carrera periodística o cualquiera del área de la comunicación social. Podrá ser predicador, dará discursos y charlas. Tendrá habilidad para los trabajos manuales o las actividades relacionadas con la antigüedad. Podrá, también, trabajar con el esoterismo.

Genio contrario: Domina el fanatismo religioso, el libertinaje, la prostitución y la incapacidad de captar la espiritualidad de las personas. Será un artista de lo ceremonial y religioso y llegará a lesionar financieramente a personas de buena fe. Egoísta, se dirá dueño de la verdad, dictando reglas que no acostumbra a seguir.

21. NELCHAEL

Nombre del ángel en letras hebreas: noun/lamed/khaf/aleph/lamed

Nombre del ángel en números: 14/12/11/1/12

Carta del tarot: El Papa

Número de la suerte: 5

Mes de cambio: Mayo

Ejerce dominio sobre: Bohemia

Planeta: Mercurio

Hora: 06:40 a 07:00

Salmo: 30

Es invocado para destruir al enemigo, contra calumnias o personas que usan sortilegios para sacar provecho de los inocentes. Domina la astronomía, la astrología, la geología, la matemática y las ciencias exactas.

Aquellos nacidos bajo esta influencia demuestran serenidad, moderación en las palabras, equilibrio entre lo espiritual y lo material. Tienen capacidad de líderes, autocontrol, paciencia. Buscan estabilidad financiera, persiguiendo a cualquier precio sus ideales. No aceptan pérdidas.

Dotados de inteligencia e imaginación, tienen dominio y madurez de su "yo". Buscan la armonía en la familia, aunque a veces se sientan incomprendidos. Tienden a ser solitarios y buscan siempre la pareja ideal. Aman lo bello y detestan lo feo y vulgar. Serán queridos y respetados en su ambiente de trabajo. Refinados, amantes de la poesía y la pintura, suelen regalar flores. Podrán investigar en ciencias o en conocimiento trascendental a través de lecturas de textos antiguos. Su misión será unir el arte y la ciencia con la religión. Desarrollarán su carácter de "médiums" por medio de las ciencias esotéricas, pero en forma analítica. Serán del tipo "ver para creer".

Profesionalmente, podrán enseñar matemática, geografía, filosofía, geometría, administración, computación; también podrán trabajar como psicólogos o asistentes sociales.

Genio contrario: Domina el error, la violencia, la agresividad, la ignorancia y el prejuicio. Podrá facilitar la promulgación de leyes erróneas. En su visión de futuro, hay trabajo sólo para las máquinas, ya que subestima el aspecto humano en la empresa.

22. IEIAIEL

Nombre del ángel en letras hebreas: yod/yod/yod/aleph/lamed

Nombre del ángel en números: 10/10/10/1/12

Carta del tarot: El Carro

Número de la suerte: 7

Mes de cambio: Julio

Ejerce dominio sobre: Inglaterra

Planeta: Mercurio

Hora: 07:00 a 07:20

Salmo: 120

Domina la fortuna, el renombre, la diplomacia y el comercio. Influye en los viajes y descubrimientos de caminos o vocaciones.

El que nace bajo su influencia tiene el espíritu dirigido hacia los cambios, porque sabe que nada es permanente y por eso no se puede desperdiciar un momento de la vida. Es original y exótico en su actuación, a veces considerado loco o mago. Tiene ideas filantrópicas, es generoso, detesta el sufrimiento humano y siempre trabaja por el bien común. Tendrá necesidad de viajar, de conocer el misterio de otros países, de develar puntos oscuros. Es un "médium" excelente y será buscado por personas que, creyendo en su fuerza, encontrarán paz en sus previsiones o presentimientos. Será comprensivo, diplomático, con habilidad para captar el pensamiento de las personas con las que convive, para mejorar sus vidas. Siempre distribuye alegría y a todos les gusta vivir a su lado.

Profesionalmente podrá ser profesor, psicólogo, actor, o estar en actividades donde viaje todo el tiempo.

Genio contrario: Domina el racismo, la piratería, la apropiación indebida y el plagio. Abusará y oprimirá a sus subalternos. Vivirá sofisticadamente a costa de los demás.

23. MELAHEL

Nombre del ángel en letras hebreas:
mem/lamed/he/aleph/mem

Nombre del ángel en números: 13/12/5/1/13

Carta del tarot: El Carro

Número de la suerte: 7

Mes de cambio: Julio

Ejerce dominio sobre: Irlanda

Planeta: Luna

Hora: 07:20 a 07:40

Salmo: 120

Protege contra ataques armados, armas y asaltos. Domina la belleza y ayuda a viajar con seguridad. Tiene influencia sobre la naturaleza, especialmente conoce sobre hierbas para cortar los males del cuerpo.

El que nace bajo esta influencia es absolutamente correcto, le gusta todo en orden y no pospone lo que hay que hacer. Tiene dominio sobre la comunicación y, aunque parezca tímido e introvertido, expresa con claridad sus sentimientos. Tiene premoniciones sobre hechos que ocurren cuando menos se los espera. Lo atrae la filosofía espiritualista, es un iluminado. Será audaz, capaz de emprender expediciones diferentes y peligrosas y de ejecutar trabajos exóticos. Será un activo ecologista, experto en plantas curativas. Tendrá especial intuición para reconocer los problemas de las personas o sus secretos más íntimos, ayudándolas mediante su conocimiento de las hierbas. Cree que Dios está realmente presente en la naturaleza.

Profesionalmente tendrá éxito como botánico, biólogo, fitoterapeuta, bioquímico, escritor de libros sobre las virtudes de las plantas y actividades relativas a la naturaleza. Como hobby, podrá vivir en haciendas, cultivando plantas exóticas o medicinales.

Genio contrario: Domina la mentira, la charlatanería y el uso indebido de conocimientos de la naturaleza. Podrá formar parte de sectas que estimulen el abuso de drogas, vender pociones milagrosas, facilitar la diseminación de enfermedades venéreas, cultivar plantas nocivas o traficar drogas.

24. HAHEUIAH

Nombre del ángel en letras hebreas: he/he/vau/yod/he

Nombre del ángel en números: 5/5/6/10/5

Carta del tarot: El Emperador

Número de la suerte: 4

Mes de cambio: Abril

Ejerce dominio sobre: Italia (período del 800 al 200 a.C.)

Planeta: Venus

Hora: 07:40 a 08:00

Salmo: 32

Ayuda a obtener la gracia y misericordia divinas, protege a los exiliados, a los prisioneros y a personas que sufren penas legales injustamente. Protege también contra animales nocivos, asaltos a automóviles, choques y violencia en general.

El nacido bajo esta influencia tiene relación kármica con los padres, y probablemente vivirá con la familia. Dotado de gran poder espiritual y madurez, es un gran amigo con el que todos aprecian convivir. Tiene una inteligencia analítica y busca respuestas para lo que pasa en el mundo dentro de los conceptos religiosos. La dignidad y el respeto son las dos claves de su personalidad. Excelente administrador, con suerte para los negocios, podrá dedicarse a la recuperación de personas con problemas judiciales, ofreciendo oportunidades de trabajo, apoyo financiero y moral. Se preocupará por la seguridad familiar y comunitaria. Podrá tener acceso a los medios de comunicación y crear polémica en programas de debate. Aprecia las artes, adora estudiar y su hobby será la lectura.

Profesionalmente, tendrá éxitos como político, abogado, defensor de los derechos humanos o actividades relacionadas con las ciencias exactas y la seguridad.

Genio contrario: Domina la violencia, el secuestro, el terrorismo. Podrá usar escritos para incentivar crímenes y violencia, así como ser protector de delincuentes y practicar crímenes en nombre de la religión o la espiritualidad, valiéndose de "entidades".

Los dominios

Definición: Nombre dado a la categoría angelical que ayuda en las emergencias o conflictos que deben ser resueltos de inmediato.

Príncipe:	Tsadkiel (Uriel)
Encuentro con Dios:	Campo, espacios abiertos, planicies floridas, grandes árboles.

Número de suerte: 3

Países o ciudades con eslabón kármico:	Australia, Hungría, India, China, Perú, Pekín.
Genio contrario:	Dominan la inseguridad, la agresión verbal o física; tendencia a las fantasías exageradas y la obsesión.

Día de la semana: Viernes.

Planta:	Higuera o duraznero.
Carta del tarot:	El Emperador
Letra hebrea:	Daleth
Mapa astral:	Analizan el área dominada por Júpiter.
Manifestación:	Se manifiestan en climas templados, lugares ventilados y frescos; lugares bien iluminados.
Representación:	Fin del otoño.
Personalidad:	Independientes, un poco rebeldes, no aceptan críticas. Dotados de gran vitalidad, aman los viajes u otras actividades que impliquen movimiento. Les gusta vivir intensamente, adoran el peligro, y

cuando se arriesgan, nunca pierden. Resuelven cualquier tipo de problemas. Kármicamente, como prueba de tolerancia, conviven con personas frustradas por la condición socioeconómica. Dentro del ambiente familiar, se sienten como peces fuera del agua; son demasiado francos o agresivos. Buscan la autoafirmación espiritual sublimando la materia. Su meta es vencer.

Puntos débiles del cuerpo

– Caderas (dificultad para aceptar novedades o sugerencias)
– Aparato respiratorio (desesperación por querer hacer todo al mismo tiempo)
– Hígado (acumulación de rabia o emociones primitivas).

Problemas kármicos de salud

– Parte inferior de la columna vertebral (exceso de responsabilidad, quiere resolver todo solo)
– Hernia de disco (inflexibilidad, no tolera indecisiones)
– Cabello (nervios, negación de la espiritualidad).

Profesiones: Pintor, fotógrafo, político, escritor, juez, abogado, psicólogo, criador de animales, guía turístico, comisario de a bordo, piloto de aviones, jugador de fútbol.

Trabajo: Buscan siempre ir más alto y más lejos. No les gusta ni la banalidad ni la mediocridad. Sensibles, activos e impulsivos, puedan alcanzar el éxito antes de llegar a una fase más madura. No se acobardan fácilmente y enfrentan sin miedo los desafíos de la vida. Tienen oportunidad de ser exitosos en actividades relacionadas con aventuras, pues tienden más hacia una vida movida, que a una sedentaria.

Sentimentalmente: Se entusiasman con facilidad, depositando su confianza en todos. Frecuentemente tienen una sensación de estar siendo traicionados. Fieles; discretos, independientes, suelen escoger parejas de posición social diferente de la propia.

Ambiente: Para anclar un ángel de este tipo en su casa, se requiere un ambiente místico, con presencia de oráculos (práctica de Tarot, caracoles, etc.) e inciensos.

Relación con el Maestro Ascendido: NADA (Chohan del 3er rayo). Fue una sacerdotisa de la Atlántida; ayuda a los psicólogos, consultores jurídicos y funcionarios del gobierno a encontrar la iluminación. Ayuda a la fluidez del habla terrenal y también con los ángeles.

JERARQUIA DE LOS DOMINIOS

25 NITH – HAIAH

Nombre del ángel en letras hebreas:
noun/tau/he/yod/he

Nombre del ángel en números: 14/22/5/10/5

Carta del tarot: La Fuerza

Número de la suerte: 11

Mes de cambio: Noviembre

Ejerce dominio sobre: Los Magos

Planeta: Saturno

Hora: 08:00 a 08:20

Salmo: 9

Ayuda a descubrir la verdad de los misterios esotéricos, domina las revelaciones y la paz, alcanzada a través del conocimiento de la verdad. Le gusta practicar "magia" y seguir siempre las leyes Divinas.

El que nace bajo esta influencia tiene serenidad, moderación, equilibrio, autocontrol, armonía y paciencia. De esta forma, consigue más fácilmente su estabilidad emocional, material y profesional. Benevolente hasta con sus enemigos, vive plenamente, lleno de alegría y placer. Su vida no tiene límites. Suele ser autodidacta y bien informado sobre cualquier tema. Podrá tener grandes poderes paranormales e inspiración para el dominio de las ciencias esotéricas. Tendrá curiosidad sobre la ciencia del mal para atacarla a través del bien y la bondad. Sabrá entender y conjurar oraciones para los elementales, haciendo revelaciones a través de su carisma e influyendo en el comportamiento de las personas. Amará la paz, la soledad, la contemplación y los misterios de la naturaleza. Desde la infancia, comprenderá el significado de las cosas, siendo un observador y no un cuestionador. Tendrá la protección de sus ancestrales.

Profesionalmente, tendrá éxito como psicólogo, escritor, científico u otra actividad relacionada con el esoterismo.

Genio contrario: Domina la magia negra (culto a Satanás), la prostitución y la maldad. Podrá usar las fuerzas del mal en venganzas, usar animales en rituales de sacrificio, ser autor de fórmulas de hechicería, causar males a la naturaleza y hacer pactos con el demonio.

26. HAAIAH

Nombre del ángel en letras hebreas: he/aleph/aleph/yod/he

Nombre del ángel en números: 5/1/1/10/5

Carta del tarot: El Loco

Número de la suerte: 4

Mes de cambio: Abril

Ejerce dominio sobre: Los Sarracenos (pueblo musulmán del Oriente, de Africa y de España)

Planeta: Luna

Hora: 08:20 a 08:40

Salmo: 118

Ayuda a ganar procesos y causas favorables; ayuda al hombre a contemplar los actos Divinos. Domina la política, la diplomacia, la influencia periodística y los diplomáticos.

El que nace bajo esta influencia es justo, benévolo, le gustan los afectos sólidos, aprecia las soluciones lógicas y está dotado de compasión y equilibrio. Sabe que las leyes terrenales pueden y deben ser transformadas. Respeta las leyes del universo, que nunca pueden ser transgredidas, y considera que la palabra destino es un sinónimo de transformación y renovación. Trabaja, incansable, buscando el conocimiento para construir sus ideales. Le gusta viajar y se adapta fácilmente al clima, a las personas y al idioma. Por su belleza y su personalidad, tendrá acceso a las más altas esferas sociales y gubernamentales. Mensajero de la paz, será un colaborador consciente de la providencia Divina. Será instaurador del orden Divino, un jefe secreto de la magia blanca (aún sin conciencia de esto, pues a pesar de tener un espíritu elevado, su cuerpo no lo está). Profesionalmente, podrá ser guía turístico, piloto, político o trabajar con oráculos.

Genio contrario: Domina la ambición, la traición, la conspiración, la indiscreción y la magia negra. No sabrá guardar secretos, se opondrá a las causas justas, violará correspondencias y maltratará a las personas que deseen ayudarlo.

27. IERATHEL

Nombre del ángel en letras hebreas: yod/resh/tau/aleph/lamed

Nombre del ángel en números: 10/20/22/1/12

Carta del tarot: La Fuerza

Número de la suerte: 11

Mes de cambio: Noviembre

Ejerce dominio sobre: Los coptas (antigua raza egipcia, que conservó los caracteres primitivos)

Planeta: Saturno

Hora: 08:40 a 09:00

Salmo: 139

Ayuda a confundir a los conspiradores, protege contra las personas que nos atacan judicialmente, interfiere en la propagación de luz y en la liberación de la sociedad.

El que nace bajo la influencia de este ángel es inteligente, equilibrado y maduro. Equilibra sus instintos individuales, aceptando, sin seguirlos necesariamente, consejos y demostraciones de cariño de todos. Tiene iniciativa y es perseverante. Su vida, clara y llena de alegría, es de una apariencia refinada y noble. Tendrá protección contra cualquier fuerza negativa y su poder de acción será invencible. Hará todo en forma lúcida, por lo que sus iniciativas lo llevarán al éxito. Tendrá una enorme capacidad de conocer el futuro, bien sea a través de oráculos, sueños o proyecciones, reevaluando constantemente sus actitudes. Defenderá las ciencias y las artes y movilizará a las masas en busca de un gran ideal. Será un ser armónico, con visión y comprensión del mundo plenas.

Profesionalmente, podrá ser escritor, periodista, asistente social, o desarrollarse en profesiones ligadas a la cultura y el placer.

Genio contrario: Domina la ignorancia, la intolerancia y la violencia. Defenderá sistemas autoritarios y apoyará el abuso del trabajo por una remuneración mínima. Podrá practicar actos bárbaros y vivir en un mundo utópico.

28. SEHEIAH

Nombre del ángel en letras hebreas:
shin/aleph/he/yod/he

Nombre del ángel en números: 21/1/5/10/5

Carta del tarot: Los Novios

Número de la suerte: 6

Mes de cambio: Junio

Ejerce dominio sobre: Irak

Planeta: Júpiter

Hora: 09:00 a 09:20

Salmo: 70

Ayuda contra tormentas, enfermedades y parásitos. Protege de los incendios, las maldades y la ruina en los negocios. Favorece la vida larga. El que nace bajo esta influencia tendrá sentido común y actuará con prudencia y sabiduría. Resistirá a todo con dignidad y en su vida todo funcionará perfectamente. Auténtico y verdadero, sale bien de las situaciones más caóticas por sus ideas luminosas repentinas, que surgen con la ayuda de su ángel. Su fuerza espiritual está íntimamente relacionada con los ángeles curadores y mejora el sufrimiento humano, aun sin saberlo. Tendrá siempre una palabra de optimismo, especialmente para la familia, ante cualquier situación de inseguridad, pues está en sintonía con las fuerzas Divinas. Tiene presentimientos relacionados con viajes y, cuando su corazón dice algo, es mejor oírlo.

Profesionalmente, podrá trabajar en áreas relacionadas con la administración pública, escribir libros o material para radio o televisión, o estudios de homeopatía y acupuntura.

Genio contrario: Domina las catástrofes, la negligencia, la desorganización. Bajo esta influencia podrá perjudicar a sus semejantes usando descuidadamente productos de belleza (inyecciones de silicona, maquillaje permanente), o participando en la producción de aparatos defectuosos para abaratar la producción. Muchas veces no reflexiona antes de actuar, provocando inseguridad entre los que conviven con él. Podrá causar incendios.

29. REYEL

Nombre del ángel en letras hebreas:
resh/yod/yod/aleph/lamed

Nombre del ángel en números: 20/10/10/1/12

Carta del tarot: La Justicia

Número de la suerte: 8

Mes de cambio: Agosto

Ejerce dominio sobre: Perú

Planeta: Marte

Hora: 09:20 a 09:40

Salmo: 53

Es invocado contra herejes y personas que nos perjudican consciente o inconscientemente. Domina los sentimientos religiosos y la meditación.

El nacido bajo esta influencia se distinguirá por sus cualidades, por su celo en preservar la verdad y destruir escrituras falsas y calumniadoras. Su conducta será ejemplar amará la verdad, la paz, la justicia, la tradición, la libertad y el silencio. Seguirá las reglas Divinas según su conciencia y dirigirá asociaciones místicas o de caridad, bajo el lema "no a la corrupción". Su presencia en la Tierra pasa por un nivel elevado, que se percibe cuando, sin motivo, retoma el camino correcto del que no debía haber salido. Su recompensa será una excelente renovación de vida y ruptura de lazos kármicos negativos. Su vida es exaltada, iluminada a través de la elección espiritual. Deberá cuidarse de no crear sentimientos de culpa en los problemas familiares, pues todos pasan por una evolución sin pérdidas, pero con renovación. Su casa estará siempre limpia, arreglada, adornada con flores y perfumada con incienso.

Profesionalmente, podrá ser pintor, escultor o escritor, pues el ángel se manifiesta en las artes.

Genio contrario: Domina el fanatismo, la hipocresía, el egocentrismo y el prejuicio racial. Desconfiará de la buena fe de los demás, ridiculizará todo, llamando "payasos" a los que ayudan a sus semejantes. Querrá transformar la religión y la filosofía en cosas sin importancia.

30. OMAEL

Nombre del ángel en letras hebreas: vau/mem/aleph/aleph/lamed

Nombre del ángel en números: 6/13/1/1/12

Carta del tarot: Los Novios

Número de la suerte: 6

Mes de cambio: Junio

Ejerce dominio sobre: India

Planeta: Sol

Hora: 09:40 a 10:00

Salmo: 70

Ayuda a las personas desesperadas a tener más paciencia. Domina la protección del reino animal e influye en la perpetuación de las especies y las razas. Tiene influencia sobre los químicos, los médicos y los cirujanos.

El que nace bajo esta influencia es justo y vive en armonía con el universo. Por ser sobreprotegido por su ángel, tendrá una confianza en sí mismo inmensa y luchará siempre por sus ideales. Amará sinceramente a la naturaleza, a los hombres y a los animales. Tendrá conocimientos generales de todas las áreas, buscando siempre una visión más objetiva. Logrará victorias, éxitos y realizaciones en todos los sentidos, pero a cada uno le incumbirá la elección de las líneas de su destino.

Profesionalmente podrá desarrollarse como pediatra, obstetra, cirujano, político, o ejercer actividades relacionadas con la puericultura, la química o la anatomía.

Genio contrario: Domina la indiferencia, la violencia contra los animales, la propagación de fenómenos monstruosos. Podrá favorecer ideas nazis, fabricar productos químicos mortales, apoyar la eutanasia, negar a sus hijos y sentirse atraído sexualmente por niños y adolescentes.

31. LECABEL

Nombre del ángel en letras hebreas:
lamed/khaf/beth/aleph/lamed

Nombre del ángel en números: 12/11/2/1/12

Carta del tarot: La Fuerza

Número de la suerte: 11

Mes de cambio: Noviembre

Ejerce dominio sobre: China

Planeta: Sol

Hora: 10:00 a 10:20

Salmo: 70

Protege a los que trabajan con la agricultura y se invoca para resolver problemas difíciles.

El que nace bajo esta influencia tiene coraje para enfrentar los obstáculos más difíciles, pero deberá tener cuidado con el poder, pues abusar del dominio es tan perjudicial como la fuerza bruta. Su "yo superior" programa su "yo interno", un magnífico don para estudiar y aplicar sus conocimientos sobre la naturaleza para el bienestar de la comunidad. Tendrá protección natural y su fortuna dependerá de su talento. Apreciará los libros antiguos de historia o arqueología. Será curioso por saber lo que pasó en otras encarnaciones para responder las dudas de su alma y entender su existencia. Su lema es *"mente sana en cuerpo sano"*, y para lograr este equilibrio, puede hacer dietas sin carnes rojas o compuestos químicos o practicar deportes aeróbicos, ciclismo o gimnasia. Amará la naturaleza y a los animales, y celará por su su preservación. Su casa será un verdadero zoológico. Tenderá a una vida doble, dirigiendo al mismo tiempo su mundo urbano informatizado y su hacienda en contacto directo con la naturaleza. Sus principales características serán la estabilidad y la riqueza interior, amando la verdad y el orden.

Profesionalmente, estará en el área de las ciencias exactas, agricultura, agronomía, veterinaria, o actividades relacionadas con la astronomía o astrología.

Genio contrario: Domina la avaricia, la usura, la pereza para el estudio y el comercio ilegal de animales. Podrá ser desordenado, malvado y usar la fuerza para dominar. Sentirá atracción por los amores ilícitos y por practicar el comercio de drogas y tóxicos.

32. VSAHIAH

Nombre del ángel en letras hebreas:
vau/shin/resh/yod/he

Nombre del ángel en números: 6/21/20/10/5

Carta del tarot: La Justicia

Número de la suerte: 8

Mes de cambio: Agosto

Ejerce dominio sobre: Los Tártaros

Planeta: Mercurio

Hora: 10:20 a 10:40

Salmo: 32

Es invocado para protegernos del que nos ataca judicialmente. Favorece la gracia y la clemencia para grandes empresarios. Tiene influencia sobre los abogados y los magistrados. Es un ángel de justicia.

El que nace bajo esta influencia será amable, espiritual y modesto. Será estudioso y con una vida rica por probar un poco de todo. Desea que, independientemente de raza, credo o cultura, todos tengan las mismas oportunidades en la vida. Su lema es *"respetar para ser respetado"*. Tiene el don de la palabra y facilidad de expresarse en público, siendo invencible al hablar con sus superiores para defender a los menos favorecidos. Vencer obstáculos es sólo parte de su lucha, pues para tener una vida plena deberá mantener un equilibrio interno. Su apariencia, a veces austera, muestra apenas la responsabilidad que tendrá para con sus semejantes y para con aquellos que actúan de mala fe. Será un guerrero activo que tomará decisiones rápidas, sin demora.

Profesionalmente, podrá ser abogado, asistente social, profesor y escritor de libros, resúmenes, guías o artículos para ayudar al que no sabe.

Genio contrario: Domina la irresponsabilidad, la maldad y el rencor. Podrá ser un genio del mal, con espíritu corrupto, haciendo mal uso de textos sagrados y leyes.

Las potencias

Definición: Es el nombre dado a la categoría de guardianes de animales. Protegen la procreación y la perpetuación de las más diversas especies vivas en el universo.

Príncipe: Camael

Encuentro con Dios: Playas, lagos, colinas y lugares con temperatura estable, plantas y animales

Número de suerte: 5

Países y ciudades con eslabón kármico: Brasil, Argentina, Tíbet, Austria, Africa, Australia, Viena, Antártida.

Genio contrario: Domina la pereza, el alcoholismo, la calumnia y la violencia contra personas y animales.

Día de la semana: Martes

Planta: "Chapéu de couro"

Carta del tarot: El Papa

Letra hebrea: He

Mapa astral: Análisis del área bajo la regencia del planeta Marte.

Manifestación: Cuando el tiempo es seco y luminoso.

Representación: Otoño

Personalidad: Son justos y ven las cosas desde varios ángulos. Están siempre preocupados en agradar a todos, no les gustan las situaciones conflictivas y buscan la armonía.

Están dotados de una sensibilidad afectiva rara y demuestran a sus semejantes una cordialidad y un cariño fuera de lo común. No toleran la injusticia, sino que buscan la defensa de los oprimidos. Tienen una inteligencia viva y una percepción rápida. Son tranquilos, moderados y refinados. No aprecian la superficialidad. Su mayor defecto podrá ser la indecisión. Su vocación será despertar en las personas la facilidad de vivir sin problemas, con autoconfianza y optimismo.

Puntos débiles del cuerpo

- Obesidad (buscan calor humano, tienen mucho qué ofrecer)
- Dolor en los hombros (exceso de responsabilidad)
- Cistitis (muy dulces y románticos)
- Ciclo menstrual irregular (mal resuelta su sensualidad).

Problemas kármicos de salud

- Alergia (nervios, irritación con las personas con las que convive).

Profesiones: Abogado, pintor, peluquero, relacionista público, funcionario público, florista, joyero, bailarín, dibujante.

Trabajo: Deberán ejercer actividades que no sean cansonas ni aburridoras. Rinden más en locales limpios y refinados, con posibilidades rápidas de ascenso, pues, aunque no sean ambiciosos, ejecutan sus tareas con tal dedicación que ameritan un reconocimiento. Saben esperar el momento adecuado para actuar, y salen de escena si por alcanzar sus objetivos pueden perjudicar a alguien. Nunca vencerían a costa de otras personas. Se adaptan a nuevos trabajos que incluyan viajes, conocer lugares y personas nuevas.

Sentimentalmente: Son fascinantes y atraen al sexo opuesto fácilmente. Son sensibles y fieles; se los conquista con amor, cariño y protección. No aprueban separaciones, y pueden llegar a desequilibrarse ante la sola posibilidad. Les gustan las cosas claras, no toleran dudas o malos entendidos. Consideran que la pasión desgasta y llegan a enfermarse al verse envueltos en peleas o compromisos que no quieren asumir.

Ambiente: Necesitan animales y plantas.

Relación con el Maestro Ascendido: URIEL, príncipe del 6o. rayo, que ayuda a controlar las fuerzas, sin exorcizarlas. Desarrolla facultades intuitivas y curativas.

JERARQUIA DE LAS POTENCIAS

33. IEHUIAH

Nombre del ángel en letras hebreas:
yod/he/vau/yod/he

Nombre del ángel en números: 10/5/6/10/5

Carta del tarot: El Ermitaño

Número de la suerte: 9

Mes de cambio: Septiembre

Ejerce dominio sobre: Grecia

Planeta: Luna

Hora: 10:40 a 11:00

Salmo: 33

Ayuda a conocer a personas que perjudican a sus semejantes a través de la traición, y a destruir sus proyectos. Protege a los nobles y a los coronados de luz. El que nace bajo esta influencia será considerado arquitecto de la obra de Dios. Defensor del mundo angelical, su lucha será defender el bien. Comprensivo, simpático, amoroso, siempre estará bien relacionado y será reconocido por todos. Sabrá controlar su mundo interior, adaptándose a la realidad, sin permitir que las ilusiones lo confundan. Valiente, luchará por desarrollar sus tendencias espirituales, que son del grado más alto. Será especialmente benéfico para con sus semejantes, aumentando su luz con buenas acciones. Luchará para que las personas no sean ignorantes, tanto con recursos materiales como con clases. Amigo fiel, deberá tener cuidado al elegir su pareja, pues precisa un hogar tranquilo para desarrollar su equilibrio. Por su alto poder de concentración, madurez, sentido común, equilibrio y firmeza espiritual, será llamado a ocupar puestos de mando.

Profesionalmente, será profesor, psicólogo, asistente social o estará vinculado con las ciencias exactas.

Genio contrario: Domina la insubordinación, la intolerancia y la falta de escrúpulos. Estará obsesionado por la conquista de bienes materiales. No inspirará confianza por su falta de carácter.

34. LEHAHIAH

Nombre del ángel en letras hebreas:
lamed/he/he/yod/he

Nombre del ángel en números: 12/5/5/10/5

Carta del tarot: La Rueda de la Fortuna

Número de la suerte: 10

Mes de cambio: Octubre

Ejerce dominio sobre: El Congo

Planeta: Saturno

Hora: 11:00 a 11:20

Salmo: 130

Protege a las personas coronadas por el amor divino y mantiene la armonía, la paz y la inteligencia.

El que nace bajo esta influencia será famoso por sus talentos y acciones. Pacificador, persona de bien, sentirá simpatía por todos porque le gusta resolver problemas, aconsejar y apoyar. Su aura de confianza atraerá a las personas influyentes, que lo llamarán a trabajar. Será un buen trabajador, rindiendo más en posiciones de mando. Tendrá actitudes firmes, con altos principios morales, bondad y hospitalidad, pero podrá sufrir decepciones si las personas no corresponden a sus expectativas. Deberá profundizar en todos los asuntos que le interesen, o correrá el riesgo de acomodarse o tener sólo conocimientos superficiales. Emocional, transferirá a sus hijos el amor recibido por sus padres. Podrá ser un mecenas de las artes, en especial de la música, pues a pesar de su talento musical, raras veces lo practicará. Tendrá dones paranormales almacenados en su inconsciente que podrán liberarse a través de la telepatía y la clarividencia. Una de sus preocupaciones será la limpieza: sabe que la negatividad se impregna en los objetos con la suciedad o si están rotos. Para que su vida transcurra sin obstáculos, todo deberá estar en orden, sin deterioro.

Profesionalmente, será administrador de empresas, poeta, escritor o trabajará con oráculos. Su hobby será la música.

Genio contrario: Domina la discordia, la traición, la terquedad y la insensatez. Será prejuicioso ante los hechos, inescrupuloso en los negocios, exagerará su dominio sobre los hijos e incentivará el libertinaje y la promiscuidad sexual.

35. CHAVAKIAH

Nombre del ángel en letras hebreas:
khaf/vau/qof/yod/he

Nombre del ángel en números: 11/6/19/10/5

Carta del tarot: Los Novios

Número de la suerte: 6

Mes de cambio: Junio

Ejerce dominio sobre: Angola

Planeta: Mercurio

Hora: 11:20 a 11:40

Salmo: 114

Es invocado para estar bien con todos, eliminar la fuerza de quien quiere ofendernos y ayudar en la reconciliación de los esposos. Domina los testamentos, los herederos y las divisiones amigables. Mantiene la paz y la armonía en las familias.

El que nace bajo esta influencia será un colaborador del bienestar social, sacrificando incluso sus intereses personales. Amará vivir en paz y ver a las personas reconciliadas. Su moral estará bajo rígido control y podrá suprimir sus sentimientos negativos. Será famoso por su mente práctica y su capacidad para resolver problemas y tomar sabias decisiones. Atento a los detalles, hablará agradable y discretamente, sin usar la fuerza para hacerse entender. Su bienestar emocional dependerá de la aprobación de todos. Tendrá riquezas y ayudará a promover asuntos espirituales y médicos. Su trabajo será arduo, lleno de novedades. aunque deberá ser cuidadoso para no resultar demasiado exigente consigo mismo. Sentirá aversión por actitudes extravagantes o escándalos sociales. Probablemente será atractivo físicamente y no se preocupará de buscar su alma gemela.

Profesionalmente, las carreras adecuadas serán las relaciones públicas y la sociología. Podrá, también, trabajar en proyectos destinados a solucionar problemas ecológicos o de educación. Desarrollar sus poderes telepáticos podría ayudarlo en su trabajo.

Genio contrario: Domina la antipatía, la discriminación y la confusión. Podrá verse envuelto en problemas judiciales injustos y perjudiciales, hacer juicios morales y maltratar a empleados, intentando esclavizarlos.

36. MENADEL

Nombre del ángel en letras hebreas:
mem/noun/daleth/aleph/lamed

Nombre del ángel en números: 13/14/4/1/12

Carta del tarot: La Justicia

Número de la suerte: 8

Mes de cambio: Agosto

Ejerce dominio sobre: Los Moros

Planeta: Marte

Hora: 11:40 a 12:00

Salmo: 25

Se lo invoca para mantener el empleo, preservar los bienes materiales y ayudar a encontrar objetos perdidos. Protege contra calumniadores y libera a los deprimidos. Informa acerca de personas distantes, de las que no tenemos noticias hace tiempo.

El nacido bajo esta influencia tendrá fuerza de voluntad, será sagaz, directo y seguro de sí mismo. Excelente amigo, compañero, amante apasionado, se ofende con facilidad y critica de inmediato lo que no le gusta. Actúa con discreción y astucia y asume responsabilidades con seriedad y dedicación. Perfeccionista y dedicado al trabajo, espera la misma postura de los que trabajan con él. Llevará los negocios personales seriamente y alcanzará los objetivos propuestos.

Su trabajo, su personalidad y su carisma harán que sea conocido en los medios de comunicación, ocupando lugares destacados. Optimista, independiente, activo y de avanzada, considera la verdad y la honestidad como lo más importante. Está en desacuerdo con algunos puntos de la religión por su falta de practicidad. Será llamado "profeta" por su visión profunda, principalmente de los aspectos sociales. A pesar de saber que podrá "abusar" de su ángel de la guarda, sólo le pedirá ayuda una vez agotados todos los recursos. Entiende que esta fuerza es demasiado sublime para ser invocada para cualquier cosa.

Profesionalmente, podrá ser orador público, científico o investigador. Profesor o filósofo autodidacta, enseñará las leyes que rigen el universo. Defenderá la patria con amor y podrá ser llamado por partidos políticos o sociedades comunitarias para participar de la vida pública.

Genio contrario: Domina el ocio y la pereza. Podrá adoptar métodos que interfieran con la justicia, proteger fugitivos, huir al exterior, ser un falso profeta y aceptar cultos religiosos sin valor.

37. ANIEL

Nombre del ángel en letras hebreas: aleph/noun/yod/aleph/lamed

Nombre del ángel en números: 1/14/10/1/12

Carta del tarot: La Fuerza

Número de la suerte: 11

Mes de cambio: Noviembre

Ejerce dominio sobre: Los filósofos

Planeta: Luna

Hora: 12:00 a 12:20

Salmo: 79

Ayuda a obtener victoria y llevar una vida digna. Favorece el estudio de las ciencias y las artes. Hace revelaciones sobre lo secretos de la naturaleza e inspira a los filósofos en sus meditaciones o conferencias informativas.

El que nace bajo esta influencia se distinguirá por sus talentos y por sus mensajes optimistas. Su entusiasmo será exuberante. A veces tendrá ideas locas y revolucionarias, pero todo lo que exponga será dignificante. Sólo aceptará una oferta de trabajo o una mejor condición social si no es contraria a sus inspiraciones espirituales. Su autocontrol le impedirá caer en la tentación. Su mentalización para un mundo mejor a través de meditaciones u oraciones favorece a los protegidos ángeles de la misma categoría. Tendrá un pequeño grupo de amigos fieles. Es posible que se case siendo joven, y con una persona mayor. Luchará por el bienestar de sus hijos, entristeciéndose cuando no acepten las oportunidades que les sean ofrecidas. Tendrá suerte, y gozará de privilegios, buenos resultados en concursos, disputas públicas o literarias.

Profesionalmente, podrá ser comediante, actor o destacarse en profesiones relacionadas con los medios de comunicación.

Genio contrario: Domina la perversidad, la charlatanería, el materialismo y la rispidez. Podrá querer subir en la vida a cualquier precio, desatender a su familia y emitir falsos juicios.

38. HAAMIAH

Nombre del ángel en letras hebreas:
he/ayn/mem/yod/he

Nombre del ángel en números: 5/16/13/10/5

Carta del tarot: La Muerte

Número de la suerte: 4

Mes de cambio: Abril

Ejerce dominio sobre: Los Cabalistas

Planeta: Saturno

Hora: 12:20 a 12:40

Salmo: 90

Corresponde al Santo Nombre de Dios —Agla— Dios en Trinidad. Se invoca para descubrir los tesoros y secretos de la Tierra, recitando el versículo 9 del salmo 90 (89 de la Biblia cristiana). Los cabalistas afirman que protege de los espíritus ignorantes primitivos.

El que nace bajo esta influencia servirá a Dios por su inteligencia y conciencia adquirida a través de estudios y lecturas diversas. Su sabiduría será usada por Dios en la unificación de las religiones, que se llamará Universalista. Simpatizará con los problemas ajenos llegando a resolverlos con su poderosa intuición. Defenderá las libertades individuales y luchará contra el prejuicio. Tendrá facilidad para aceptar cosas incomprensibles y sorprendentes para otros. Establecerá un patrón propio para el amor y rechazará los convencionalismos. Se siente atraído por personas excéntricas y detesta los celos y a las personas posesivas. No les gustan las cosas precipitadas ni el cambio de planes. Luchará contra la magia negra. Defenderá a Dios con la mejor arma: la verdad. Su misión en la Tierra será elevar al ser humano.

Profesionalmente, tendrá vocación para los asuntos esotéricos. Será un gran legislador de la ciencia Divina, un excelente ritualista poseedor de una espléndida cultura. Mostrará la verdad en celebraciones o en su trabajo diario. Su mente, que va más allá de las fronteras, será apta para las investigaciones científicas. Si tiene oportunidades de estudio, será célebre por sus descubrimientos en el área tecnológica o nuclear, o usará sus poderes de telepatía para penetrar las fronteras de lo oculto.

Genio contrario: Domina el error, el fanatismo, la irritación y la mentira. La persona bajo la influencia de este genio irá contra los principios morales y religiosos, haciendo pinturas sacrílegas. Será inflexible, no aceptará críticas y se juzgará único para decidir sobre las cosas.

39. REHAEL

Nombre del ángel en letras hebreas:
resh/he/ayn/aleph/lamed

Nombre del ángel en números: 20/5/16/1/12

Carta del tarot: El Ermitaño

Número de la suerte: 9

Mes de cambio: Septiembre

Ejerce dominio sobre: Escocia

Hora: 12:40 a 13:00

Salmo: 29

Es invocado para proteger de las maldades, hacer que las personas reconozcan sus actos y tengan misericordia de Dios. Ayuda a obtener la paz, la buena salud y la longevidad. Influencia el amor paternal, el filial, el respeto y la obediencia de los niños hacia los mayores.

El nacido bajo esta influencia será consciente de la necesidad de regeneración de la materia para aumentar la espiritualidad. Será altruista con los que considera hijos de Dios. Hará curas excepcionales con las manos o mentalmente, usando oraciones, emanaciones y pensamientos positivos. Su verdad será eterna, cumpliendo la misión kármica de vencer el mal al lado de su ángel. Siempre estará buscando métodos para acabar con la maldad. Creerá en los milagros y en que ellos ocurren por la misericordia Divina. Su optimismo será contagioso. Será elevado, fuerte, participante y convencido de que el hombre puede superar los obstáculos con auxilio de su inteligencia. Adorará a sus hijos y hará todo para verlos encaminados en la vida.

Profesionalmente, será médico, enfermero, sociólogo, escritor o profesor. Servirá en laboratorios, clínicas geriátricas y en investigaciones para el descubrimiento de remedios que prolonguen la vida y aíslen enfermedades.

Genio contrario: Domina la severidad, la crueldad, la violencia, el alcoholismo y la prostitución infantil. Podrá ser infanticida, genocida o suicida.

40. IEIAZEL

Nombre del ángel en letras hebreas: yod/yod/zain/aleph/lamed

Nombre del ángel en números: 10/10/7/1/12

Carta del tarot: El Emperador

Número de la suerte: 4

Mes de cambio: Abril

Ejerce dominio sobre: Bélgica

Planeta: Mercurio

Hora: 13:00 a 13:20

Salmo: 87

Ayuda a las personas relacionadas con la prensa y la literatura. Libera de la depresión y del pánico.

El que nace bajo esta influencia amará las ciencias, la lectura y el conocimiento en general. Tendrá ideas brillantes y sentimientos sublimes. Gracias a su inteligencia, tendrá una posición destacada en la sociedad, pues, como se puede confiar en él, ocupará cargos de liderazgo. Comprenderá los problemas ajenos, sin decir "no" a los que lo necesiten, aunque no merezcan su ayuda. Descuidado con el dinero, que nunca le faltará, piensa que por amor todo vale la pena. Sólo se casará por amor, esperando que el afecto sea retribuido. Tendrá una mente creativa y una memoria fotográfica, a pesar de no creer demasiado en la propia cualidad de "médium". Sus conclusiones serán dirigidas por la intuición más que por la lógica. Podrá hacer viajes y vivir en diferentes países, mostrando siempre su riqueza personal y la nobleza de su carácter.

Profesionalmente, será músico, pintor, escritor, librero, editor o gráfico, liberando a través del arte a las personas de baja energía. Defenderá la cultura y será buen novelista, consejero o historiador. Se dedicará a la pintura, sus obras serán sensitivas y/o abstractas.

Genio contrario: Domina la gula, el descuido con el cuerpo, el pesimismo, la prostitución, la crítica destructiva y la melancolía. Podrá aislarse socialmente y envolverse en tratamientos que perjudiquen el cuerpo.

Las virtudes

D efinición: Nombre dado a la categoría anglical que orienta a las personas con respecto a su misión y cumplimiento del karma.

Príncipe: Rafael

Encuentro Planicies y montañas con árboles, o cam-
con Dios: pos no desolados.

Número de suerte: 4

Países y ciudades
con eslabón Brasil, Africa, India, Uruguay, Portugal,
kármico: Montreal, Jerusalén y Berlín.

Genio contrario: Domina la pereza, el aislamiento, la hipo-
condría, la arrogancia, el miedo a tomar
decisiones y el apego a las tradiciones.

Día de la semana: Domingo

Planta: Albahaca

Carta del tarot: Los Novios

Letra hebrea: Vau

Mapa astral: Analiza las regiones regidas por el Sol

Manifestación: En clima fresco, aireado y luminoso.

Representación: Primavera

Personalidad: Las personas cuyos ángeles están en esta
categoría son críticas, introspectivas y
analizan todo mentalmente. Prácticas,
organizadas, con poder de observación,
poco expansivas. Cuando son cariñosas,
se muestran delicadas y gentiles y adoran
las sorpresas. Estudian los fenómenos
místicos, investigando varias fuentes para

sacar sus propias conclusiones. Su lema es *"ver para creer"*". Necesitan un lugar calmado y sin complicaciones para vivir tranquilas. En nombre de la paz del espíritu y la privacidad, sacrifican todo lo conseguido para apartarse y comenzar de nuevo. Inteligentes, realistas, tienen tendencia a la soledad pero les gusta la compañía que no los perturbe en sus cosas íntimas. Sus decisiones son acertadas y constructivas.

Puntos débiles del cuerpo

– Sistema nervioso (falta de equilibrio interno)

– Presión de vientre (preocupación de no faltar mañana)

– Apendicitis (extremadamente analíticos)

– Cálculos renales (carecen de amigos, son incomprendidos).

Problemas kármicos de salud

– Rodilla (humildad)

– Exceso de hormonas masculinas (muy activos).

Profesiones: profesor, dibujante, pedagogo, pediatra, nutricionista, enfermero, gerente de tienda, librero, gimnasta y artesano.

Trabajo: Meticulosos, pacientes y precisos, cualidades positivas para la vida profesional. No tienen sed de poder y si son jefes, dividen obligaciones y sueldos justamente. Tienen facilidad de expresión y habilidad con las manos.

143

Les gusta trabajar en conjunto con la familia. Son económicos, pero no avaros. Desprecian el lujo y el exhibicionismo.

Sentimentalmente: Por su sensibilidad, es difícil conquistarlos. Aunque sean románticos, no entran en una relación sin analizar los pros y contras. Detestan los celos y, de ocurrir, sabrán que están con la persona equivocada. Prefieren relacionarse con personas de más edad, porque les dan calma, gentileza y cortesía. No desean sólo la belleza física. Prefieren la interior.

Ambiente: Para que este ángel ancle en su casa, se necesita la presencia de metales, objetos sacros y antiguos, y perfumes en el aire. Las personas de este grupo suelen usar pulseras, collares, aros que funcionan como protección, una especie de pararrayos.

Relación con el Maestro Ascendido: HILARION. Fue el apóstol Pablo con otra encarnación. Protege el arte, a las personas sensibles para la cura, a matemáticos, científicos y especialistas en computación.

JERARQUIA DE LAS VIRTUDES

41. HAHAHEL

Nombre del ángel en letras hebreas:
he/he/he/aleph/lamed

Nombre del ángel en números: 5/5/5/1/12

Carta del tarot: La Rueda de la Fortuna

Número de la suerte: 10

Mes de cambio: Octubre

Ejerce dominio sobre: Irlanda

Planeta: Júpiter

Hora: 13:20 a 13:40

Salmo: 119

Es invocado contra los enemigos de la religión y los calumniadores. Protege la verdadera palabra de Jesús y sus misioneros, y a las personas que propagan el Evangelio en las naciones. Ejerce influencia sobre los sacerdotes y les procura la paz.

La persona nacida bajo esta influencia ama la verdad y es cumplidor de sus deberes y obligaciones. Tiene poder de concentración para juzgar. Enfrenta los problemas con madurez y siente en su interior que Dios le reservó una gran misión, pero, ¿cuándo comenzar? Probablemente al encontrar la pareja ideal, con ideas dignas y nobleza de carácter, ya que el cumplimiento de esta misión deberá estar acompañado por la persona amada. Sentirá deseos de tener hijos, para que continúen la enseñanza de la verdad. Este ángel concede el don de la comunicación, el carisma y la felicidad para el aprendizaje de los más variados asuntos, especialmente en el área esotérica. Probablemente comenzará a trabajar temprano en trabajos relacionados con la espiritualidad. Buscará la verdad de la palabra de Jesús en los verdaderos libros apócrifos y se consagrará al servicio de Dios. Actuará en armonía con las leyes del Universo y enseñará a las personas a convivir con la religión nueva, la que trasciende el templo, que viene del corazón. Tendrá muchos amigos y adeptos de sus ideas y colocará su energía al servicio del bien común. Podrá tener puntos de vista que entren en conflicto con otras religiones. Será especialista en dialectos religiosos y los estudiará racionalmente y mediando mucha investigación. Será un experto en descifrar escrituras sagradas. Gran transformador del mundo, tendrá suerte y una vida espléndida. Será muy feliz.

Profesionalmente tendrá éxito como profesor, médico, enfermero, asistente social, psicólogo, sociólogo o en actividades ligadas al esoterismo. Encontrará su vocación ligada a la espiritualidad, al esoterismo y a la metafísica. Podrá ser un gran misionero, dentro o fuera de alguna orden religiosa.

Genio contrario: Domina la necromancia, la deshonra, la adoración de ídolos, rituales profanos, ceremonias eróticas y escándalos. Tendrá conductas impropias, menospreciará a los humildes y a los que tengan dificultad de aprender. Podrá pregonar una falsa religión o usar sus conocimientos espiritualistas en forma equívoca, para beneficiarse con recursos materiales.

42. MIKAEL

Nombre del ángel en letras hebreas: mem/yod/khaf/aleph/lamed

Nombre del ángel en números: 13/10/11/1/12

Carta del tarot: La Fuerza

Número de la suerte: 11

Mes de cambio: Noviembre

Ejerce dominio sobre: El Canadá

Planeta: Mercurio

Hora: 13:40 a 14:00

Salmo: 120

Ayuda a viajar con seguridad. Influye sobre los empresarios, la alta sociedad y hace descubrir conspiraciones y desórdenes políticos y sociales.

El nacido bajo esta influencia conocerá las técnicas y medios para mantener grandes empresas, distinguiéndose por su diplomacia. Tendrá protección de su ángel si es digno, elevado, inspirado e incorruptible. Podrá ser confidente de ciudadanos de alto prestigio social, económico o político, y colaborar con cualquiera que desee mejorar la sociedad. Será popular, querido por los más humildes y atacará a los malévolos. Su mensaje es siempre optimista y de fe, irradiando su energía cósmica como confianza, inspiración y creatividad. Deberá tener cuidado en resolver todo sin presunción, atendiendo al sentido común. Su condición de vida será benéfica, pues su luz es brillante.

Profesionalmente tendrá éxito en la política, docencia, traducción, como empresario, en espectáculos, fiestas y ceremonias. Su placer al viajar y su conocimiento de idiomas le serán útiles en el trabajo.

Genio contrario: Domina la perversidad, la violencia, el escándalo y las drogas. Podrá propagar falsas noticias y proyectos sociales inexistentes. Podrá ser un torturador violento y divulgar el erotismo promiscuo.

43. VEULIAH

Nombre del ángel en letras hebreas:
vau/vau/lamed/yod/he

Nombre del ángel en números: 6/6/12/10/5

Carta del tarot: el Ahorcado

Número de la suerte: 12

Mes de cambio: Diciembre

Ejerce dominio sobre: California

Planeta: Marte

Hora: 14:00 a 14:20

Salmo: 87

Destruye la fuerza de sus enemigos y libera a los esclavos, los deprimidos y los viciosos. Influye en la prosperidad de empresas y fortalece a los destacados.

La persona nacida bajo esta influencia tendrá un comportamiento íntegro. Será famoso por su trabajo, conquistando la confianza de la sociedad con sus servicios. Será influyente entre los famosos, conocidos y poderosos, y obtendrá gloria y prestigio. Usará ideas modernas y acciones estratégicas para avanzar en su trabajo y consolidar su posición. Actuará con prudencia, evitando obstáculos y usando el sentido común y la inteligencia para enfrentar problemas. Como observa cuidadosamente cada camino antes del primer paso, acumulará conocimiento con una clase de trabajo que sólo desarrolla una mente privilegiada. Será noble, sincero y altruista, iluminando a todos con su energía benévola e inagotable. Conquistará su propio espacio por su autoconfianza y buen humor, sin desperdiciar energía en conflictos internos.

Profesionalmente, tendrá éxito como empresario, político, científico o en actividades relacionadas con la medicina. La investigación también será adecuada, pues su paciencia lo puede encaminar hacia grandes descubrimientos.

Genio contrario: Domina las discordias entre patrón y empleado o entre socios, la destrucción de empresas, las catástrofes, la ruina, los accidentes, el apetito insaciable, el egoísmo ilimitado, el dogmatismo, las intrigas y los malos consejos.

44. YELAIAH

Nombre del ángel en letras hebreas: yod/lamed/he/yod/he

Nombre del ángel en números: 10/12/5/10/5

Carta del tarot: Los Novios

Número de la suerte: 6

Mes de cambio: Junio

Ejerce dominio sobre: México

Planeta: Mercurio

Hora: 14:20 a 14:40

Salmo: 118

Es invocado para ganar procesos y obtener la protección de jueces. Protege del peligro de armas blancas o de fuego y de los asaltos.

El nacido bajo esta influencia amará los viajes, será instruido y tendrá éxito en todo lo que emprenda. Será célebre por los hechos y glorias alcanzadas con su talento y coraje. Luchará para mantener vivas las tradiciones y conservar recuerdos de cosas queridas. Viajante e investigador de hechos históricos, aclarará dudas y coincidencias de la vida, gracias a recuerdos de sus encarnaciones anteriores. Promoverá imágenes culturales que ofrezcan belleza natural y contenidos históricos, para aumentar su sabiduría.

Generoso en la labor, dará oportunidad a todos, pues cree que sólo con el trabajo se conquista un ideal. No se dejará dominar por el desánimo y nada le impedirá alcanzar sus objetivos. Será seguro, hábil e incapaz de arriesgar su nombre y reputación en actitudes sospechosas, dejando que todo sea espontáneo. Como sabe controlar sus ganancias, invertirá inteligentemente y con seguridad, sin arriesgar algo que no tenga en las manos. Manifestará su amor constructivamente. Necesitará defender sus sueños, sean relacionados con su familia, su entorno o sus valores. Será respetado, admirado y capaz de encontrar soluciones para todo. Estará creando formas de mejorar la elevación de la sociedad. Es la propia inspiración del ser angelical.

Profesionalmente tendrá éxito como historiador, antropólogo, sociólogo, misionero o vinculado con las ciencias humanas.

Genio contrario: Domina las guerras, las peleas, la desgracia familiar y la farmacodependencia. Podrá ser indiferente al sufrimiento de los humildes, idolatrar dioses paganos, violar tratados de paz y masacrar a los prisioneros sin piedad.

45. SEALIAH

Nombre del ángel en letras hebreas: samech/aleph/lamed/yod/he

Nombre del ángel en números: 15/1/12/10/5

Carta del tarot: El Carro

Número de la suerte: 7

Mes de cambio: Julio

Ejerce dominio sobre: Quito

Planeta: Sol

Hora: 14:40 a 15:00

Salmo: 93

Ayuda a confundir a las personas malévolas u orgullosas que oprimen a los humildes. Eleva la buena voluntad y la esperanza de los desanimados. Domina la vegetación y todo lo que tiene vida. Influye sobre los elementales que cuidan y protegen la naturaleza.

El que nace bajo esta influencia estará ligado a detalles y podrá tener su casa decorada con miniaturas, estatuillas o pequeños cuadros de buen gusto. Su jardín tendrá vegetación abundante y abrigará a pequeños animales. Siempre tendrá dinero para sus necesidades y no conocerá la palabra crisis. Dotado de prodigiosa cultura, compartirá sus experiencias y conocimientos con personas de ideales similares a los suyos. Descubriendo su verdad espiritual, producirá cambios en su comunidad. Estudiará las Sagradas Escrituras y descubrirá las verdaderas leyes de Jesús. Tiene el don de hacer revelaciones a través de oráculos, sueños o premoniciones; entonces, por la grandeza de sus obras terrenales, aumentará su luz y su relación con los ángeles cósmicos. Su misión en la Tierra será enseñar a la sociedad a descubrir que la potencia angelical se sitúa en un plano de luz accesible a todos. Será el encargado de "resucitar" al Cristo que hay en cada uno de nosotros.

Profesionalmente, podrá tener éxito en actividades que garanticen el contacto con personas, pues estará siempre dispuesto a ayudar a todos. Frecuentemente trabajará en instituciones de solidaridad, adaptación o recuperación de marginales.

Genio contrario: Domina el desequilibrio, la frialdad y la maldad. Podrá estimular huelgas, depender de calmantes y negar ayuda a los necesitados.

46. ARIEL

Nombre del ángel en letras hebreas:
ayn/resh/yod/aleph/lamed

Nombre del ángel en números: 16/20/10/1/12

Carta del tarot: La Sobriedad

Número de la suerte: 14

Mes de cambio: Mayo

Ejerce dominio sobre: Paraguay

Planeta: Saturno

Hora: 15:00 a 15:20

Salmo: 144

Ayuda a agradecer a Dios por los bienes enviados. Facilita el descubrimiento de tesoros ocultos. Revela en sueños los secretos de la naturaleza y hace encontrar objetos desaparecidos.

El que nace con esta influencia tendrá ideas geniales, pensamientos sublimes y espíritu fuerte y sutil. Será discreto, actuando con prudencia y resolviendo los problemas difíciles. Tomará decisiones en el momento adecuado. Meditará para conocer las formas de entender los secretos ocultos y místicos. Hará descubrimientos que beneficiarán la purificación del espíritu, trabajando por la espiritualidad a favor de sus semejantes. Usará la tecnología, como la informática, aparatos y técnicas de comunicación, para sentir la permanencia de los encantados. Por su trabajo en la Tierra, tendrá el mundo angelical a su disposición. Ocupará un lugar destacado en la sociedad. Su lema será *"conversando se entiende la gente"*. No admite apelaciones a la irracionalidad o al instinto. Al envolverse con los problemas de las personas, encuentra sabiamente el camino correcto. Nunca falta el respeto a los más exigentes y a los mayores. Está predispuesto al triunfo. Carga una corona de oro, que significa la posesión de la luz intelectual, por lo que representará el poder, la conquista y la prueba de la armonía del hombre con Dios, esencial para vivir bien.

Profesionalmente, tendrá éxito en actividades relacionadas con los recursos humanos. Su interés por el estudio de los minerales, los cristales y la botánica le abrirá el camino. Por su belleza y seducción, podrá vivir y trabajar en el medio artístico.

Genio contrario: Domina la ruina, la indecisión, la inmadurez, el robo y el escándalo. Podrá ser débil de espíritu, inconsecuente y vivir atormentado por atribulaciones espirituales.

47. ASALIAH

Nombre del ángel en letras hebreas: ayn/shin/lamed/yod/he

Nombre del ángel en números: 16/21/12/10/5

Carta del tarot: La Rueda de la Fortuna

Número de la suerte: 10

Mes de cambio: Octubre

Ejerce dominio sobre: Chile

Planeta: Venus

Hora: 15:20 a 15:40

Salmo: 104

Ayuda a conocer las Leyes de Dios y a elevar la conciencia hasta El. También a descubrir la verdad de los procesos y a alcanzar las metas constructivas. Facilita la comprensión para contemplar las cosas Divinas representadas en la naturaleza.

El nacido bajo esta influencia será un constructor de los planes angelicales. Dulce y tierno, tendrá carácter agradable y se detacará por su enorme carisma. Justo por excelencia, incorruptible y de fe elevada, la verdad será una constante en sus actitudes. Dinámico, ve su devenir espectacular, aprovechando cada segundo para la realización inmediata de sus ideas. Irá más allá de sus fuerzas, sin disipar energía. Elegante y firme, tendrá las manos siempre listas para actuar de inmediato, con destreza y autocontrol. Estará sujeto a sacrificios, pues perseguirá sus ideales, aunque las circunstancias no le sean favorables. Virtuoso, sensible y obstinado, su aura de sabiduría se verificará en la región frontal, con una marca entre las cejas. No le gustan las confusiones, en especial las sentimentales. Su buen gusto se notará en su casa bien decorada y muy cómoda, y en su ropa de buena calidad. Orgulloso sin ser arribista, aceptará sinceramente las doctrinas de otras personas. Siempre estará cambiando la "forma", pero preservando la existencia de Dios.

Profesionalmente, tendrá éxito como empresario, dibujante, cirujano o cualquier actividad donde la firmeza y la destreza manual sean factores importantes. Por su facilidad de expresión, podría ser orador o profesor.

Genio contrario: Domina la acción inmoral y escandalosa, los sistemas peligrosos. Serán permisivos, propagadores de sistemas falsos, se envolverán en amores múltiples, practicarán crímenes sexuales y violencia en el acto de amar.

48. MIHAEL

Nombre del ángel en letras hebreas:
mem/yod/he/alpeh/lamed

Nombre del ángel en números: 13/10/5/1/12

Carta del tarot: El Papa

Número de la suerte: 5

Mes de cambio: Mayo

Ejerce dominio sobre: Japón

Planeta: Venus ·

Hora: 15:40 a 16:00

Salmo: 97

Ayuda a encontrar la paz y la unión entre los esposos. Protege a las personas que recurren a la Luz, que tienen premoniciones o pensamientos favorables. Da inspiración para develar secretos y lo que requiere ser descubierto. Facilita la generación sana de las especies, la amistad y la felicidad conyugal.

El nacido bajo esta influencia será pacífico, cariñoso, amará a todos y velará por la preservación del bienestar de la comunidad. Será organizador de acuerdos sociales y políticos, promoviendo reconciliaciones y mediando negociaciones. Intelectual, defenderá los derechos de la mujer en la sociedad. Colaborará con ideas comunitarias relacionadas con la salud (enfermería,. Cruz Roja), pudiendo ser conocido en otros países por su participación en el bienestar infantil. Estudiará las relaciones matrimoniales a través de la filosofía, religión, sociología o psicología. Consolidará con palabras de optimismo los lazos de amistad o familiares.

Su familia será noble y lo apoyará en sus proyectos y deseos. Si puede, tendrá muchos hijos, pues le encantan las familias grandes. Paternalmente exigente en los estudios y la cultura, sabrá que donde se ensanchan la conciencia y la inteligencia hay más felicidad y cercanía de Dios. Accesible, franco, fuerte y resistente a la fatiga, se dedicará intensamente al trabajo. Su misión terrenal será el humanitarismo. Sin prejuicios de clase, raza o credo, la verdad será su mejor amiga. Conducirá la vida a su modo, buscando un modelo limpio: Mostrará, así, que la vida es fácil de vivir y vale la pena luchar por los ideales.

Profesionalmente, tendrá buenas oportunidades en asociaciones comerciales, de clase, de política, relaciones públicas y derecho. Sus dotes artísticas serán inspiradas por la naturaleza.

Genio contrario: Domina el divorcio, la desunión, la infidelidad, las uniones múltiples y la esterilidad. Podrá ser playboy, gigoló, amante de aberraciones sexuales y de la pornografía.

Los
principados

Definición: Es el nombre dado a la categoría angelical responsable por los Estados, los países y los reinos. Protege el reino mineral, la fauna y la flora.

Príncipe:	Haniel
Encuentro con Dios:	Grandes espacios abiertos, tope de montañas cerca de las nubes. Cuando el sol brilla y el aire es puro.

Número de suerte: 7

Países y ciudades con eslabón kármico:	Filipinas, Suecia, Islas griegas, Salzburgo, Miami, Fernando de Noronha e Ibiza.
Genio contrario:	Domina la hipocresía, los vicios, la rebeldía, la deslealtad, el capricho y el interés por el dinero.

Día de la semana: Jueves

Planta:	Verbena officinalis
Carta del tarot:	El Carro
Letra hebrea:	Zain
Mapa astral:	Analiza el área regida por Venus.
Manifestación:	Cuando hay luminosidad sin vientos; puede haber nieve.
Representación:	Cuando se renuevan las relaciones cotidianas. Simboliza los placeres personales e intelectuales.
Personalidad:	Son inconformistas, tienen gran sentido de la oportunidad y están dotados de fuerte espíritu humanitario. Generosos,

altruistas, no les gustan las restricciones. Son fáciles de reconocer por su modo original y excéntrico de hablar y de vestirse. Adoran las transformaciones y serán los llamados "diferentes" del grupo. Sabios, inteligentes, tienen sed de saber. Con su razonamiento rápido, saben establecer contacto con los demás, a través de su percepción extrasensorial. Valoran las amistades sinceras, comprenden sin criticar, aun cuando no estén de acuerdo. Por una amistad pueden descuidar a la familia, al cónyuge o a la persona amada. Consideran que el amor, más que instinto o pasión, es comprensión.

Puntos débiles del cuerpo

– Pantorrillas (creatividad reprimida)

– Calambres (terquedad)

– Tobillos (sexualidad mal resuelta)

– Taquicardias.

Problemas kármicos de salud

– Várices (no aceptan la dirección que les fue impuesta)

– Hemorroides (sexualidad; la consideran sucia).

Profesiones: Inventor, escritor, paisajista, agente de viajes, corrector, anticuario, joyero, criador de animales, decorador, biólogo y técnico en computación.

Trabajo: Podrán desenvolverse en cualquier área, sin límites para expandirse. Creativos, les resulta favorable el área de la tecnología y los medios de comunicación. Sus ojos miran hacia el futuro en busca de oportunidades para desarrollar su agitado lado aventurero. Las tareas ligadas a la naturaleza son de su agrado. No son económicos y no les gustan los trabajos relacionados con manoseo de dinero. Trabajan por un mundo mejor, donde todos se expresen con libertad.

Sentimentalmente: Cultivan la amistad, pues antes de enamorarse necesitan sentir afecto. Consideran el amor sinónimo de libertad, novedades y sorpresas. El matrimonio será aceptado si es original. Curiosos, podrán intentar varias experiencias sexuales (sexo grupal, homosexual) para explorar los misterios que puede ofrecer una relación. No son celosos y detestan que quieran modificar sus hábitos o que les den órdenes. Saben controlar sus impulsos y sorprenden por su intelectualidad.

Ambiente: Necesitan la presencia de cristales variados (el mejor es la amatista) y plantas de cualquier tipo. Regalar plantas demuestra que el ángel está cerca.

Relación con el Maestro Ascendido: SERAPHIS BEY. Fue Sumo Sacerdote en la Atlántida. Antes del cataclismo fue a Egipto. Este rayo protege el verbo (palabra). Es la inteligencia, realizador de milagros.

ANGELES DE LA CALIDAD PRINCIPADO

49. VEHUEL

Nombre del ángel en letras hebreas:
vau/he/vau/aleph/lamed

Nombre del ángel en números: 6/5/6/1/12

Carta del tarot: La Emperatriz

Número de la suerte: 3

Mes de cambio: Marzo

Ejerce dominio sobre: Filipinas

Planeta: Mercurio

Hora: 16:00 a 16:20

Salmo: 144

Ayuda a elevar a Dios para todas las manifestaciones benéficas, la glorificación de las personas y la admiración del reino celestial. Ejecutor fiel de las causas nobles, incentiva a las personas, con su ejemplo, a seguir su buena conducta. Lucha por el bien y glorifica a Dios. Dotado de gran virtud moral, no le gusta que falten a los compromisos. Su madurez terrenal espiritualiza y ennoblece su carácter. El nacido bajo esta influencia se distinguirá por sus talentos y virtudes. Su generosidad podrá ser vista en su aura. Será estimado por todos los hombres de bien y los que tengan las mismas cualidades. Será querido por la Divinidad, por su facilidad para perdonar los errores de los demás. Juzga de modo prudente. Podrá criticar con sentido del humor, sin arrogancia. Será innovador, imparcial, dinámico e inteligente, a pesar de ser individualista. Debido a su gran profundidad mental, tendrá facilidad para expresarse entre personas de cualquier clase. Se volverá más estable después del matrimonio y su familia será unida y armoniosa. Físicamente esbelto y elegante, intelectualmente abierto y refinado, será considerado "difícil" de llevar. Tendrá reconocimiento social, que será encarado como prueba de que la vida es dura para el que no sabe aprovechar las oportunidades.

Profesionalmente podrá ser un genial escritor, muy creativo, que respetará la espiritualidad. Por su sentido crítico, será excelente en las organizaciones empresariales. Debido a su capacidad de evolución, es posible que tenga dones para la cultura y las artes.

Genio contrario: Domina el egoísmo, la rabia, el odio, la hipocresía y la venganza. Podrá tender a la infidelidad y a las pasiones repentinas. Será pretensioso, planeará represalias, revanchas y practicará la magia negra.

50. DANIEL

Nombre del ángel en letras hebreas: daleth/noun/yod/aleph/lamed

Nombre del ángel en números: 4/14/10/1/12

Carta del tarot: El Papa

Número de la suerte: 5

Mes de cambio: Mayo

Ejerce dominio sobre: Los Samaritanos

Planeta: Luna

Hora: 16:20 a 16:40

Salmo: 102 y/o 103

Ayuda a obtener la misericordia de Dios y a tener consuelo. Favorece la justicia y el clero. Piensa antes de actuar y no le gusta sentirse amenazado. No desperdicia sueños en fantasías imposibles.

El que nace bajo esta influencia será trabajador y ejecutará todas sus actividades con mucho amor. Percibirá que su intelecto puede alcanzar la genialidad cuando sea invitado a debates o entre amigos. Tendrá suerte y protección contra las enfermedades. Determinado, le disgustará lo que no sea claro. Paciente, soportará todo de los demás, menos ser recriminado injustamente, pudiendo mostrarse agresivo si la persona no tiene razón.

Motivador y justo, será una personalidad pública con capacidad para tratar cualquier asunto. Descubrirá el porqué de muchos problemas sociales y convencerá a la sociedad de que sus respuestas son satisfactorias. Puede haber tenido problemas en demostrar afecto a los padres durante la infancia, por eso se lo verá consintiendo a sus hijos. Trabajará con más dulzura, equilibrio y efectividad en ambientes similares a su hogar. Algunos hechos de su adolescencia podrán marcar su vida, dándole seguridad de que su ángel de la guarda está siempre cuidándolo. Es a través de su inteligencia que su interior se comunicará con el mundo astral.

Profesionalmente, se adaptará a actividades ligadas al comercio exterior o empresas internacionales. Por su elocuencia, podrá ser orador, político o actor.

Genio contrario: Domina el chantaje, la angustia, las frustraciones, las agresiones físicas y verbales con los padres. Podrá trabar las industrias, aconsejar intrigas, traficar o trabajar en la ilegalidad.

51. HAHASIAH

Nombre del ángel en letras hebreas:
he/he/shin/yod/he

Nombre del ángel en números: 5/5/21/10/5

Carta del tarot: La Rueda de la Fortuna

Número de la suerte: 10

Mes de cambio: Octubre

Ejerce dominio sobre: Los Barsienses (pertenecientes a un sistema gnóstico antiguo)

Planeta: Luna

Hora: 16:40 a 17:00

Salmo: 103

Ayuda a elevar el alma a Dios, contemplar las cosas Divinas y descubrir los misterios a través de la conciencia y la inteligencia. Trabaja por la paz entre las personas. Sabe que pasar por un dificultad es un medio de tener acceso a la divinidad interna y externa. Tiene gustos simples, ama la naturaleza y está atento a detalles como el romanticismo, la pintura, la música o los perfumes. La fascinación de su lado poético fluye fácilmente. Una carta o un simple dibujo de un corazón podrían ser manifestación de su ángel.

El que nace bajo esta influencia amará las ciencias y sentirá especial interés en conocer las propiedades y atributos de animales, plantas y minerales. Será puro, creativo y conducirá su vida con armonía a través de la luz de protección que hay en su corazón. Estudioso, aprenderá los caminos usando su intuición y entendiendo el orden Divino en las estructuras humanas. Mago, sacerdote de las ciencias esotéricas, obtendrá prestigio y autoridad para charlas y conferencias.

Tendrá revelaciones y aprenderá de lecturas espiritualizadas. Será el propio "Templo de los Misterios", su conciencia, su sacerdote, realizando la verdad de Dios en la Tierra.

Profesionalmente, podrá seguir medicina, investigación e inventar maravillas para el beneficio social. Tendrá aptitud para las ciencias abstractas o actividades biológicas.

Genio contrario: Domina la charlatanería y la magia negra. Abusará de la buena fe, prometiendo cosas extraordinarias que no podrá cumplir, o usando objetos para convencer de su magia. No contendrá sus impulsos ni logrará satisfacer su sexualidad. Podrá ser desaseado y vivir como un mendigo.

52. IMAMAIAH

Nombre del ángel en letras hebreas:
ayn/mem/mem/yod/he

Nombre del ángel en números: 16/13/13/10/5

Carta del tarot: El Ahorcado

Número de la suerte: 12

Mes de cambio: Diciembre

Ejerce dominio sobre: Los Melindales (antiguo pueblo nazareno que vivía en Siria)

Planeta: Júpiter

Hora: 17:00 a 17:20

Salmo: 7

Ayuda a destruir la fuerza del enemigo, de las personas que piensan en humillar a los débiles y ayuda a los que piden auxilio a Dios para la libertad. Protege a los viajeros y a los desolados y solitarios. Influye las cosas basadas en la bondad, y las ganancias económicas que provienen de un trabajo honesto. Especialista en "arreglar lo que no tiene arreglo". Nunca se deja llevar por el instinto. Optimista, expansivo y prudente, confía en su buena estrella y en su ángel de al guarda.

El que nace bajo esta influencia tendrá temperamento vigoroso y fuerte, soportando la adversidad con benevolencia, paciencia y coraje. No le teme al trabajo y posee gran inspiración para realizarlo. Sabe hacer objetos de gran belleza. Si es mujer, podrá ser excelente decoradora, captando con su intuición los puntos fuertes del hogar, usando diferentes energías para resguardar la casa de influencias negativas, ideas derivadas de su conocimiento de los símbolos mágicos. Respeta a las personas con moral, sentimientos e inteligencia, pues sabe que son valores que enaltecen el alma y construyen una buena existencia en la Tierra. Estará. siempre, integrándose a los asuntos sociales o políticos e inspirará confianza. Tendrá facilidades financieras para proyectarse, incluso internacionalmente. Aprendiendo con sus errores, estará siempre enseñando cómo actuar.

Profesionalmente podrá ser arquitecto, constructor civil, ingeniero o administrador; también artesano de reputación, conocido por la calidad de sus obras.

Genio contrario: Domina el orgullo, la blasfemia, la crueldad, la grosería y las peleas. Podrá ser impostor, peleador, nervioso y usar un lenguaje grosero y vulgar.

53. NANAEL

Nombre del ángel en letras hebreas:
noun/noun/aleph/aleph/lamed

Nombre del ángel en números: 14/14/1/1/12

Carta del tarot: Los Novios

Número de la suerte: 6

Mes de cambio: Junio

Ejerce dominio sobre: Idioma maltés

Planeta: Saturno

Hora: 17:20 a 17:40

Salmo: 118

Protege las altas ciencias. Influye sobre lo eclesiástico, los profesores y los hombres de leyes. El nacido bajo esta influencia se distinguirá por conocer las ciencias abstractas, amará la vida tranquila, la paz, la meditación y la música clásica. Su luz trasciende y a través de ella vemos su inocencia y su verdad. Podrá tener vocación religiosa o metafísica. Digno de confianza, nunca comete una acción impensada o imprudente. Le gustan las relaciones sólidas y es el amigo que todos quisieran tener. Dotado de gran afectividad, vive en función del amor y se conmueve ante la belleza. Por ser tradicional, le da importancia al matrimonio y a los hijos. Más pasional que activo, sabe controlar sus instintos, sin reprimirlos. Su inteligencia se desarrolla más con experiencia que con estudios. Le gusta el éxito y suele construir cosas bellas con fines altruistas. Toda la familia forma parte de su proyecto, y no mide esfuerzos para conquistar su lugar al sol. Su prestigio no alimenta su vanidad. Vive en su realidad y se dedicará a tener una existencia pacífica, haciendo todo limpia y perfectamente. Puede haber tenido problemas de salud en la infancia o la adolescencia, pero a pesar de su fragilidad física tiene un espíritu ágil y guerrero. "Bon vivant", amigo del buen vivir, sabe disfrutar las cosas buenas de la vida sin actos groseros o impensados. Es la columna que sustenta a la humanidad.

Profesionalmente, tendrá éxito en actividades relacionadas con países extranjeros, como importación/exportación, diplomacia, intercambio cultural y tecnológico.

Genio contrario: Domina la ignorancia, la tristeza, la melancolía, la pereza, la culpa y el autocastigo. No cuidará su aspecto, será incapaz de trabajar por causas nobles gratuitamente y estará obsesionado por bienes materiales.

54. NITHAEL

Nombre del ángel en letras hebreas: noun/yod/tau/aleph/lamed

Nombre del ángel en números: 14/10/22/1/12

Carta del tarot: La Sobriedad

Número de la suerte: 5

Mes de cambio: Mayo

Ejerce dominio sobre: Los Zaflanienses (nombre dado por Paracelso a una calidad de ángeles que conoce las cosas secretas)

Planeta: Júpiter

Hora: 17:40 a 18:00

Salmo: 102

Ayuda a obtener la misericordia de Dios y la longevidad. Protege a jefes de Estado, presidentes, monarcas, príncipes y personas que dedican su vida a la caridad y la religiosidad. Favorece la continuación y legitimación de las familias y la estabilidad empresarial. Ayuda a los necesitados de auxilio contra los poderosos y proporciona una vida tranquila.

El nacido bajo esta influencia será célebre por lo que escriba y por su elocuencia. Tendrá reputación, se distinguirá por sus méritos y virtudes, obteniendo confianza para ocupar cargos importantes en el gobierno o en empresas privadas. Está predestinado a los cargos de mando por su visión para entender las cosas y prever el mal. Será la personificación del bien, el orden, la justicia y la legalidad. Personalidad fuerte, dignidad, prestigio, centrará las funciones angelicales en la Tierra. Dominará el campo espiritualista y metafísico. Tiene una facultad que sólo las personas especiales poseen: transforma en realidad sus deseos. Defenderá el bien sobre el mal, será discreto en sus juicios o al ofrecer orientación espiritualista. Será diferente desde la infancia, destacado por su manera bella y graciosa de vestir, andar y hablar. Su aura resplandece y su regencia es la belleza y la bondad.

Profesionalmente, tenderá a ser un alto mandatario religioso, abogado o médico. Podrá ser un artista renombrado que marque una época. Su vida podrá estar señalada por mucho tiempo como patrón o empresario, generando empleos hasta para los familiares.

Genio contrario: Domina la conspiración, la traición, la ira. Tendrá una lengua temible, difamará, provocará la ruina de empresas y sacrificios y la humillación de los menos favorecidos.

55. MEBAHIAH

Nombre del ángel en letras hebreas:
mem/beth/he/yod/he

Nombre del ángel en números: 13/2/5/10/5

Carta del tarot: La Justicia

Número de la suerte: 8

Mes de cambio: Agosto

Ejerce dominio sobre: Pueblo de Ormuz (simbolizado por el Sol, Luz de Luces, principio del bien)

Planeta: Júpiter

Hora: 18:00 a 18:20

Salmo: 101

Ayuda a tener consuelo y a vencer en cualquier actividad. Favorece la protección de los niños.

El que nace bajo esta influencia se distinguirá por sus buenas obras, por su piedad y por su celo en amar a Dios y a los hombres. Sabrá el camino a seguir en pos de nuevas perspectivas. Entenderá los principios Divinos, la doctrina crítica, y no medirá esfuerzos para plantearlas en los nuevos sentimientos de los hombres. Será propagador de los conceptos religiosos y de la moral. Disponible, le gustará sentirse útil trabajando por la comunidad. Su vida sólo tendrá encanto cuando encuentre a su pareja ideal, que lo seguirá toda la vida. Siente necesidad de la continuidad a través de los hijos. Comprenderá los acontecimientos inesperados resolviéndolos con ideas creativas. No tendrá apego por las cosas materiales, a las que sólo considera consecuencia del trabajo. Cuidará del cuerpo, en especial del desarrollo muscular. Su naturaleza es pacífica. Su ángel se manifiesta espontáneamente al defender a los marginados o cuando sana con las manos. Produce a su alrededor un aura mística y enigmática que, a pesar de incomprendida, lo eleva.

Profesionalmente, tendrá facilidad para las relaciones humanas o la cultura física. Podrá ser maestro de alquimia.

Genio contrario: Domina la autodestrucción y la autopiedad. Será enemigo de la verdad, propagador de falsas esperanzas que terminan en frustración y contribuirá a la destrucción de misioneros que ayudan a la regeneración humana.

56. POIEL

Nombre del ángel en letras hebreas: phe/vau/yod/aleph/lamed

Nombre del ángel en números: 17/6/10/1/12

Carta del tarot: La Rueda de la Fortuna

Número de la suerte: 10

Mes de cambio: Octubre

Ejerce dominio sobre: Aden (Yemen del Sur)

Planeta: Sol

Hora: 18:20 a 18:40

Salmo: 144

Ayuda a vencer las demandas. Favorece la adquisición de prestigio, la fortuna y la propagación de grandes filosofías.

El nacido bajo esta influencia será estimado por todos por su modestia y humor. Obtendrá fortuna con su talento y buena conducta. Obtendrá lo que desea y se empeñará en conocer todas las cosas del mundo. A pesar de su apariencia frágil y modesta, luchará para tener una posición socio-económica favorable y obtener reconocimiento por sus talentos extraordinarios, tornándose conocido mundialmente. Abierto a los símbolos de vitalidad y generosidad, sabrá balancear pasión y razón. Cree en la salvación por amor y estará siempre listo para ayudar a todos. Trabajará de acuerdo con la filosofía espiritualista y angelical. Optimista, enfatizará las cualidades positivas de personas y situaciones. Con su encanto, iluminará la vida de los que lo rodean.

Profesionalmente, brillará en el extranjero por su facilidad para los idiomas, los usos y las costumbres. Tendrá predisposición para ejercer la magia y practicar el bien.

Genio contrario: Domina la ambición, el orgullo, la agresividad y la incoherencia. Podrá organizar contrabando internacional, elevarse a costa de otros, falsificar firmas, vestirse ridículamente y creerse el mayor de los maestros.

CAPÍTULO
14

Los arcángeles

Definición: Es el nombre dado a la categoría angelical responsable de la transmisión de mensajes importantes. Asegura las buenas relaciones, la sabiduría, los estudios. Son ágiles, rápidos y quieren ver a todos felices en esta existencia.

Príncipe:	Mikael
Encuentro con Dios:	Paisajes con grandes espacios y bastante luz.
Número de suerte:	8
Países y ciudades con eslabón kármico:	Brasil, México, Tíbet, Machu Picchu, Oxford, Sorbone.
Genio contrario:	Domina el pesimismo, la calumnia, la deshumanidad, el escándalo, el aislamiento por miedo o desconfianza.
Día de la semana:	Miércoles
Planta:	Café
Carta del tarot:	La Justicia
Letra hebrea:	Teth
Mapa astral:	Analiza la regencia de Mercurio
Manifestación:	En contacto con árboles altos (pinos, eucaliptos), clima húmedo.
Representación:	En el auge, al final del invierno, cuando la energía está lista para renacer con el verano.

Personalidad: Prudentes, introvertidos, aceptan novedades después de medir los pros y los contras. Tienen iniciativa en el día a día, terminan con cuidado todo lo que hacen, luchan por sus ideas enfrentando problemas con coraje, firmeza, determinación y objetividad. Desconfiados, no les gusta depender de nadie. Algunas veces pueden cerrarse para controlar sus instintos. Pacientes, llegan adonde quieren. Buscan amigos de buena apariencia, sintiéndose orgullosos al ser vistos con ellos. Desean el prestigio, alcanzado a través de sus experiencias de vida, de alto nivel y estilo.

Puntos débiles del cuerpo

- Metabolismo lento (miedo de enfrentar la vida)
- Hipotermia
- Descalcificación (ser muy duros con la vida).

Problemas kármicos de salud

- Hígado (muy analíticos)
- Riñones (heridas acumuladas).

Profesiones: Dermatólogos, dentistas, ortopedistas, políticos, agentes de viajes, vendedores de automóviles, antropólogos, geólogos, abogados, corredores de bolsa de valores.

Trabajo: Prefieren trabajar solos que en ambientes desordenados y agitados. Necesitan ordenar sus mentes para tener ideas admirables. Tienen facilidad para trabajos administrativos. Les gusta tener a su lado a personas fuertes como colaboradores o cónyuges, porque necesitan en quien confiar sus ideas. No se destacarán de inmediato puesto que construyen el éxito paso a paso. Tienen facilidad de adaptación a los cambios que no signifiquen riesgos o perjuicios. Vida confortable a partir de mucho trabajo. Proyectan poder en el área social.

Sentimentalmente: Son fieles, no les gusta la aventura ni los afectos superficiales. Ambiciosos, buscan matrimonio en ambientes más elevados. Conservan amigos de toda la vida. No se sienten atraídos por el tipo "sexo fatal" ni por amantes del lujo. Su vida afectiva no es llevada a la fantasía.

Ambiente: Requiere jarrones con flores, variedades de hojas, todo muy colorido. Usan, en la decoración y la vestimenta, estampados con flores y frutas. Les gusta regalar violetas, rosas o flores silvestres.

Relación con el Maestro Ascendido: LANTO. En otras encarnaciones fue Pitágoras y Confucio. Ayuda en los estudios. Fuertemente ligado a los Devas de la Naturaleza.

JERARQUIA DE LOS ARCANGELES

57. NEMAMIAH

Nombre del ángel en letras hebreas:
noun/mem/mem/yod/he

Nombre del ángel en números: 14/13/13/10/5

Carta del tarot: La Rueda de la Fortuna

Número de la suerte: 10

Mes de cambio: Octubre

Ejerce dominio sobre: Los cirineos (habitantes de una ciudad griega antigua)

Planeta: Marte

Hora: 18:40 a 19:00

Salmo: 113

Ayuda a los que trabajan por una causa justa, a prosperar en todas las áreas y a libertar a los adictos, encaminándolos hacia una vida saludable. Favorece a los que trabajan en ciudades costeras y a los que se relacionan con actividades recreativas en esas localidades.

El nacido bajo esta influencia amará ser líder por su coraje y su amor por todas las cosas: soportará la fatiga con paciencia y valor. Trabajará para mejorar a la sociedad y por acabar con los privilegios y recursos de los que no los merecen. Tendrá suerte en los viajes al exterior y protección contra la traición y la venganza. Será un luchador contra las fuerzas del mal, usando su cultura e intelecto. Proyectará experiencias para la formación de un nuevo mundo, peleando contra las esferas y conciencias inferiores. Para que su existencia sea cada vez mejor, se centrará en el conocimiento de su ángel guardián. Tendrá revelaciones en sueños. Defenderá las buenas causas y edificará planes teóricos. Será considerado un excelente administrador o economista, en especial en momentos de crisis. Alegre, activo, simpático, es siempre centro de atenciones. Tiene garra y fuerza de voluntad. Enamorado de todo y de todos, ama la vida familiar y se dedica a sus hijos.

Profesionalmente, estará en el liderazgo de partidos políticos y entidades sindicales o empresariales. Participará de desfiles escolares y será la alegría de la población. Por ser detallista, será un buen contador de anécdotas y cuentos infantiles. Especialista en encontrar puestos para personas que necesitan trabajar.

Genio contrario: Domina la cobardía, la traición, el fraude y la calumnia. Tendrá una visión negativa de las cosas, siempre estará en desacuerdo con cualquier opinión, creando enfrentamientos con los demás. Usará su inteligencia para la maldad.

58. IEIALEL

Nombre del ángel en letras hebreas:
yod/yod/lamed/aleph/lamed

Nombre del ángel en números: 10/10/12/1/12

Carta del tarot: El Ermitaño

Número de la suerte: 9

Mes de cambio: Septiembre

Ejerce dominio sobre: Los alanitas (pueblo bárbaro asiático, que en el Siglo V invadió y dominó La Galia y la Península Ibérica)

Planeta: Marte

Hora: 19:00 a 19:20

Salmo: 6

Ayuda a eliminar la tristeza y a confundir a los malos y falsos testigos. Protege contra el mal de ojo. Influye sobre los que trabajan con productos de hierro.

El nacido bajo esta influencia se distingue por su coraje y honestidad. Tendrá la protección de Venus y de los signos correspondientes: Tauro y Libra. Será lúcido, decidirá con claridad de expresión todas las situaciones complicadas o comprometedoras. Franco y amoroso, gustará de las flores y los adornos o cuadros bucólicos. Optimista, ama y defiende la verdad para que todo se realice en orden. Dotado de afectividad, sentido estético, solidez y valoración de los bienes materiales. Acepta su sensualidad, alcanzando la serenidad cuando satisface todas sus tendencias sin reprimirse. Algo introvertido, controla sus instintos exhibicionistas. Detesta la indecisión y aprovecha todas las oportunidades. No se arriesga en nada que no sea conservador o tradicional. Logra un equilibrio material y espiritual. De espíritu luchador, encuentra en el matrimonio la solución, el apoyo para sus problemas. Su pareja deberá completarlo para fortalecerlo en las luchas que emprenda.

Profesionalmente, tendrá facilidad para trabajar con decoración, adornos y comercializando o fabricando productos de hierro. Podrá participar activamente contra armas nucleares y usará todos sus argumentos para defender sus ideas.

Genio contrario: Domina la mentira, el disimulo, el crimen premeditado y los homicidios terribles. Podrá ser peligroso, traficar armas, destruir bienes públicos y planear venganzas sofisticadas.

59. HARAHEL

Nombre del ángel en letras hebreas:
he/resh/he/aleph/lamed

Nombre del ángel en números: 5/20/5/1/12

Carta del tarot: El Carro

Número de la suerte: 7

Mes de cambio: Julio

Ejerce dominio sobre: La Mesopotamia (actual Golfo Pérsico)

Planeta: Sol

Hora: 19:20 a 19:40

Salmo: 112

Ayuda a curar problemas en los órganos reproductores, en especial los femeninos. Vuelve a los niños obedientes y respetuosos con sus parientes, compañeros, profesores y padres. Favorece a los corredores de bolsa, los agentes de cambio, las personas que trabajan en organismos públicos, archivos, bibliotecas y a los coleccionistas (en especial de objetos curiosos y preciosos).

El nacido bajo esta influencia será ávido de conocimientos, buscando instruirse en todas las ciencias. Será bello, carismático y virtuoso. Noble, con buen humor y valiente, tendrá una espiritualidad tan rica, que transmitirá sus conocimientos con dedicación y paciencia, sin mirar las ganancias. Por este don, en el caso de tener un canal de exteriorización, podrá practicar curas, pinturas a través de su capacidad de "médium" o trabajar con oráculos. En la edad madura ganará dinero inesperadamente, el que usará en parte para la misión que tiene que cumplir en su existencia terrenal. Tendrá óptimas relaciones familiares, viviendo en armonía con sus hijos. Adorará explorar lo desconocido. Siempre estará dispuesto a regenerar a los marginados de la sociedad. Será refinado y aprovechará la fuerza de su ángel para ser feliz.

Profesionalmente, tendrá éxito en operaciones comerciales, en el área de finanzas y administración, y podrá llegar a ser respetado por sus estudios. Dominará las ideas inéditas y la biología, especializándose en reproducción de plantas y animales. Tendrá posibilidades de ganar becas y ejercer sus dotes intelectuales.

Genio contrario: Domina el fraude, la ruina, la destrucción, la falsificación. Será enemigo de la Luz, causará incendios, destruirá bienes familiares que no le pertenecen, ideará métodos para infiltrarse en la memoria de las computadoras y tendrá celos enfermizos de sus bienes materiales.

60. MITZRAEL

Nombre del ángel en letras hebreas:
mem/tsad/resh/aleph/lamed

Nombre del ángel en números: 13/18/20/1/12

Carta del tarot: La Rueda de la Fortuna

Número de la suerte: 10

Mes de cambio: Octubre

Ejerce dominio sobre: Tíbet

Planeta: Luna

Hora: 19:40 a 20:00

Salmo: 144

Ayuda a curar los males del espíritu y a librarse de las preocupaciones. Influye en la fidelidad y la obediencia.

El nacido bajo esta influencia reúne las cualidades más bellas del cuerpo y del alma, por lo tanto, se distinguirá por sus talentos y virtudes nobles. Sabrá rectificar sus errores, porque entiende que a través de las experiencias construimos nuestra personalidad, la envoltura del alma y del carácter. Siempre estará en busca de sí mismo, de un ideal de equilibrio y sabiduría. Será un trabajador incansable. Vivirá una existencia elevada, en pos del bien social y podrá librarse de su karma. Reconocerá la mano de Dios en cada detalle de la naturaleza. Alcanzará desde la infancia un alto grado de madurez y estará preparado para el éxito –no el de escenarios y aplausos, y sí uno más duradero–, cumpliendo las tareas del día a día en paz con su conciencia. Sabrá vivir el presente para lanzar de a poco las semillas del futuro. Podrá ser considerado un símbolo del ser humano en su totalidad, física y espiritual. Profesionalmente, será conocido por sus aptitudes literarias e inteligencia. Por su admiración y respeto por la naturaleza podrá trabajar en botánica, jardinería, bioquímica, farmacia, ecología, etc.

Genio contrario: Domina la desobediencia, la infidelidad, la insubordinación, el alcoholismo, las drogas y vicios en general. Podrá ser de aquellos que rezan y luego hacen mal. Tiende a romper impulsivamente relaciones.

61. UMABEL

Nombre del ángel en letras hebreas: vau/mem/beth/aleph/lamed

Nombre del ángel en números: 6/13/2/1/12

Carta del tarot: El Carro

Número de la suerte: 7

Mes de cambio: Julio

Ejerce dominio sobre: Los antiguos Be Thuliens (hijos de los "Hijos del Sol". Proviene de una época en que los judíos se dividían en adoradores del Sol y la Luna).

Planeta: Venus

Hora: 20:00 a 20:20

Salmo: 112

Ayuda a obtener la amistad de una persona. Favorece los estudios de astrología, psicología y esoterismo, influyendo sobre las personas dedicadas a esas áreas. El nacido bajo esta influencia amará los viajes y placeres honestos. Introvertido y afectuoso, no se adapta a los cambios repentinos. Tradicional, se mantiene fiel a los valores aprendidos de los padres. Intuitivo, estará abierto a las cosas a su alrededor, a pesar de no envolverse demasiado en ellas. Para sentirse bien en una posición social o laboral, debe creer en ella como si fuera una religión. Necesita soporte ideológico. No le gustan las personas agresivas o indecisas. Paciente, soporta todo por la persona amada o la familia. Si no recibe afecto, prefiere el aislamiento. Su fuerza vital se manifiesta en la paternidad. Estable, busca establecer en las personas una imagen filial. Será estimado por su equilibrio, dulzura, amabilidad y afecto. No le interesa modificar la situación de un grupo o clase social, invirtiendo en personas próximas o en casos específicos. Organizará su vida de acuerdo con su conciencia, manifestada a través de buenos actos y compañerismo. Será amoroso y sensible, consciente de la forma adecuada de actuar. Su inteligencia estará a disposición de la potencia angelical.

Profesionalmente, será psicólogo, adaptándose bien a los niños. Tendrá éxito al expresar sus emociones en romances y poemas. Se realizará como oráculo o astrólogo.

Genio contrario: Domina el libertinaje, la indiferencia, la infidelidad. Adquirirá vicios contrarios a la naturaleza, se aislará al extremo, se autodestruirá o mentira a sí mismo por no poder enfrentar la realidad. Podrá también depender del padre o de la madre en forma enfermiza.

62. IAH-HEL

Nombre del ángel en letras hebreas:
yod/he/he/aleph/lamed

Nombre del ángel en números: 10/5/5/1/12

Carta del tarot: Los Novios

Número de la suerte: 6

Mes de cambio: Junio

Ejerce dominio sobre: El Idioma de los Carmanienses (celebran fiestas consagradas a la fecundidad de las mujeres)

Planeta: Saturno

Hora: 20:20 a 20:40

Salmo: 118

Ayuda a obtener sabiduría, a dispersar ideas luminosas y a calmar la violencia mundial. Favorece la vida correcta y honesta.

El nacido bajo esta influencia amará la tranquilidad, la nobleza y las actitudes sólidas. Cumplirá los deberes y obligaciones para consigo, su familia y su comunidad. Practicará deportes, pudiendo abandonar todo si se enoja. La misma postura tendrá en el amor. Desarrollado espiritualmente, sabrá aprovechar su energía para su crecimiento y el de la humanidad. Piensa más en los demás que en sí mismo. Desde la infancia es seguro y controla sus ansiedades. Líder nato, acepta invitaciones para el mando que recibe por su estilo fuerte, su capacidad de improvisación y su aprecio por los desafíos. Táctico, busca victorias inmediatas, gana sus batallas. Soportará situaciones adversas, porque sabe que el medio de vencer es la perseverancia. Lucha por una imagen digna, transparente y verdadera. Las personas que conoce durante sus innumerables viajes son consideradas experiencias que enriquecen su mundo interior, cada vez más luminoso. Es un buen maestro. Profesionalmente, podrá ser atleta, profesor de gimnasia u otro deporte o dueño de un instituto de deportes. Por su facilidad para mandar, podría entrar en la política, ser administrador de empresas, empresario o economista.

Genio contrario: Domina las conductas escandalosas y depravadas, la frivolidad, el lujo, los gastos innecesarios. Será inconstante en sus relaciones, interesándose sólo por dinero. Provocará intrigas, induciendo peleas en las parejas por dar malos consejos.

63. ANAUEL

Nombre del ángel en letras hebreas: ayn/noun/vau/aleph/lamed

Nombre del ángel en números: 16/14/6/1/12

Carta del tarot: La Muerte

Número de la suerte: 13

Mes de cambio: Abril

Ejerce dominio sobre: Camboya

Planeta: Mercurio

Hora: 20:40 a 21:00

Salmo: 2

Ayuda a obtener la verdadera espiritualidad y la sabiduría. Protege contra los problemas de salud, los accidentes, y conserva la paz familiar neutralizando la maldad de los enemigos.

El que nace bajo esta influencia tiene un espíritu sagaz, sutil, inventivo y se distinguirá por su trabajo. Su conciencia sólo producirá palabras y acciones verdaderas. Actúa como intermediario perfecto entre el Cielo y la Tierra. Por su iluminación, comprenderá los misterios de las relaciones entre todas las cosas. Es un indicado, habiendo practicado la magia para el bien de la humanidad en otras encarnaciones. Sentirá avidez de conocimiento, apreciando estudios y lecturas. Se adaptará a cualquier ambiente o situación con facilidad y rapidez, sin preocuparse por la seguridad. Su inteligencia práctica, simbólica y ordenada, hará que tenga dificultad para encontrar la pareja ideal. No se preocupa con enfermedades pues cree en *mente sana en cuerpo sano.* Cuando eventualmente se enferma, se cura solo. El exceso de bondad es su gran cualidad.

Profesionalmente, será capaz de transformar la historia como antropólogo o paleontólogo. Se destacará por el estudio de las filosofías esotéricas y escritos sobre la vida de Cristo. Tendrá éxito en cualquier carrera por su dedicación, sagacidad y facilidad de adaptación.

Genio contrario: Domina la locura, el desperdicio y las deudas. Podrá arruinarse por su mala conducta, ser corrupto, descubrir el punto débil de las personas para abusar de ellas con arrogancia. Pedirá dinero prestado y no lo devolverá.

64. MEHIEL

Nombre del ángel en letras hebreas:
mem/he/yod/aleph/lamed

Nombre del ángel en números: 13/5/10/1/12

Carta del tarot: El Papa

Número de la suerte: 5

Mes de cambio: Mayo

Ejerce dominio sobre: Mongolia

Planeta: Mercurio

Hora: 21:00 a 21:20

Salmo: 32

Protege contra la ira, los enemigos, los accidentes provocados por personas sin escrúpulos y descuidadas en el tránsito. Favorece a los que buscan sabiduría, a los profesores, autores y oradores. Influye sobre los que aman la lectura, las librerías y a los que comercian en esa área.

El nacido bajo esta influencia será un ser excepcional que se distinguirá por sus deseos de aprender. Tolerante, generoso, comprensivo, hará sentirse bien a los que lo rodean. Mirará el lado positivo de las personas y entenderá sus defectos. Siempre se quedará con la mejor parte, pues, al estar bien, cuidará del bienestar de todos. Maduro, tiene un intelecto luminoso y un cuerpo perfecto. Entusiasta y vital, sabe balancear la razón y la pasión. Le gusta amar y ser amado, sintiendo la necesidad de tener y dar afecto. Protege a la familia con su fuerza. A veces parece un poco ingenuo, porque al considerar a todos como amigos, no ve la traición. Se hiere con facilidad, más aún si es tratado injustamente. Será centro de atenciones, pues además de vestirse en forma espléndida, hará fiestas y reuniones grandiosas. Está seguro cuando sabe que todo está a su favor, aun en fases difíciles. En su vida no hay lugar para supersticiones o creencias en las fuerzas del destino.

Profesionalmente, será periodista, redactor, escritor o se dedicará a las relaciones públicas. Tendrá facilidad para trabajar en la divulgación o el comercio de libros.

Genio contrario: Domina el convencimiento exagerado, la controversia, las disputas, las críticas y la megalomanía. Podrá buscar la gloria a cualquier precio, aun sacrificando a otras personas y desperdiciando su generosidad con quien no la merece.

CAPÍTULO
15

Los ángeles

Definición: Es el nombre dado a la categoría angelical más recurrida por Dios para hacer milagros, provocando que la humanidad evolucione a través de experiencias de vida.

Príncipe: Gabriel

Encuentro con Dios: Mar o cualquier otro lugar con lagos o ríos.

Número de suerte: 9

Países o ciudades con eslabón kármico: Portugal, Normandía y Sevilla.

Genio contario: Domina los celos, las actitudes posesivas, la confusión entre la razón y la imaginación, la tendencia suicida y el comportamiento de fuga.

Día de la semana: Lunes

Planta: Carqueja

Carta del tarot: El Ermitaño

Letra hebrea: Teth

Mapa astral: Analiza áreas bajo la regencia de la Luna.

Manifestación: En climas templados con brisas leves

Representación: Final del invierno

Personalidad: Son emotivos, atentos, flexibles, comprensivos y siempre encuentran soluciones a los problemas. Se adaptan fácilmente a cualquier realidad, son como camaleones. Tienden a huir de situaciones recriminativas, en especial si son familiares o sentimentales. Viven períodos de participación mezclados con períodos de distanciamiento. Maestros en recursos invisibles a primera vista, tendrán dificultad en resolver cuestiones sin recurrir al misticismo. Les gusta el silencio, y el misterio es el arma de su fascinación. Alcanzan lo que desean y no dudan en tomar partido. Deberán cuidarse de no cerrarse en sus mundos, donde lo único que importa son las historias de sí mismos.

Puntos débiles del cuerpo

– Disturbios renales (penas acumuladas)

– Dificultad en asimilar sales (inteligencia, asimilar ideas nuevas)

– Intoxicación por comida dañada (el cuerpo es el templo del alma)

– Reumatismo (ser duro con las personas).

Problemas kármicos de salud

– Pies (las personas cercanas no aceptan sus opiniones).

Profesiones: Astrólogo, psicólogo, director de teatro o televisión, pescador, mecánico, profesor de natación, corrector, economista, administrador, abogado, profesiones relacionadas con el exterior.

Trabajo: Las mejores profesiones son las que exigen flexibilidad e integración con la acción realizada. Trabajan en grupos pero no se integran. Actúan como si estuvieran solos, dependiendo todo de sus decisiones. Les gustan los trabajos de investigación sobre asuntos desconocidos. La ficción les fascina. Su problema es la ambición, que a veces desconocen y a veces los domina, volviéndolos avaros.

Sentimentalmente: Son diferentes y adoran ser centro de atracción en el medio social. A pesar de ser tímidos, encuentran en la pareja a alguien que ocupe una posición destacada y que sea opuesto a su personalidad. Celosos y poco fieles, tienen gran energía para el amor. Gentiles y comprensivos, son responsables; no son mentirosos, pero pueden modificar los hechos a su favor. No discuten, porque pueden perder la cabeza y llegar a la agresión física. Desean tener todas las experiencias para comprenderse mejor a sí mismos.

Ambiente: Para anclar en su casa es necesario exhibir frutas de todas las especies y formas, aunque sea como decoración.

Relación con el Maestro Ascendido: SAINT GERMAIN. Influye en los dones de profetizar y realizar milagros. Domina las altas ciencias. A través de la llama violeta, cambia el odio a bondad y expande la conciencia y la espiritualidad. En otras encarnaciones fue padre de Jesús, Cristóbal Colón y el Mago Merlín.

JERARQUIA DE LOS ANGELES

65. DAMABIAH

Nombre del ángel en letras hebreas:
daleth/mem/beth/yod/he

Nombre del ángel en números: 4/13/2/10/5

Carta del tarot: El Carro

Número de la suerte: 7

Mes de cambio: Julio

Ejerce dominio sobre: Los gimnosofistas (nombre dado por los escritores griegos a los ascetas de la India, con grandes poderes místicos)

Planeta: Luna

Hora: 21:20 a 21:40

Salmo: 89

Favorece la defensa contra sortilegios o presagios negativos, la obtención del triunfo y los buenos resultados en emprendimientos. Ayuda a las personas que trabajan en ciudades costeras y expediciones marítimas para investigación. Influye sobre los marineros, los pilotos y los comerciantes con productos del mar.

El que nace bajo esta influencia tendrá considerable fortuna y se destacará en el medio en que vive por sus descubrimientos útiles. Cree que sólo podrá mejorar en la vida si pasa por todas las experiencias. Podrá ser llamado a vivir como aventurero, pero como lo hará con seriedad y profundidad, obtendrá la protección de su ángel guardián. Generoso, noble, de espíritu elevado, tendrá enormes posibilidades de éxito. Adora asuntos místicos y esotéricos. Con su pensamiento positivo romperá cualquier hechizo, mal de ojo o envidia que se interponga con su tranquilidad espiritual. Obtendrá ayuda financiera para sus investigaciones, que serán históricas, o para realizar grandes eventos. Está siempre cambiando de ciudad, sin planear con anticipación y dejando que todo sea una sorpresa. Será un individuo cosmopolita, que mostrará con su eterna búsqueda de conocimientos que es posible superar los problemas.

Respetado, habrá una legión de admiradores sobre los que influirá con su experiencia contándoles la trayectoria de su vida. Estará siempre enredado en casos sentimentales. Ama la libertad y no tolera relaciones tipo "prisión". Fiel a sus ideales, nunca hará sufrir por ser egoísta ni sacará ventaja de los indefensos. Es un "chela" (servidor) de Dios.

Profesionalmente, tendrá posibilidades de trabajar en una actividad vinculada con la política o la justicia, donde ejercerá su poder de mando. Será llamado para cualquier actividad que requiera alguien especial. Aprenderá fácilmente idiomas y conocerá varios países.

Genio contrario: Domina el sadismo, la perversión, la ingratitud, el egoísmo, la grosería, la pobreza de espíritu y el descontrol emocional. No hará donaciones aunque le sobre dinero y, al ver alguien en apuros, no lo ayudará en ningún aspecto. Podrá escribir historias crueles o intentar el suicidio con automóviles.

66. MANAKEL

Nombre del ángel en letras hebreas: mem/noun/qof/aleph/he

Nombre del ángel en números: 13/14/19/1/15

Carta del tarot: El Carro

Número de la suerte: 7

Mes de cambio: Julio

Ejerce dominio sobre: Los bramanes(miembros de la casta hindú más alta: los hombres libres)

Planeta: Neptuno

Hora: 21:40 a 22:00

Salmo: 37

Ayuda a calmar la cólera y a eliminar la maldad de las personas. Influye sobre la inspiración para la música y la poesía. Domina el mundo de los elementales. El que nace bajo esta influencia reúne las más bellas cualidades del alma y de la personalidad. Será conocido por su buen carácter, por la amabilidad y por la bondad para con todos. Soportará los problemas sin quejarse. Tiene la conciencia clara y sabe cuándo y cómo actuar. Eterno luchador, será un estímulo positivo para la sociedad. Su lema es *"vencer"*.

Lo desconocido no le atemoriza, porque cree que sólo tiene miedo de morir el que no sabe vivir. Atento, desarrolla una capacidad de captación (inconsciente) y de observación (consciente), y la aplica en todas las situaciones. Siempre tiene planes optimistas y lógicos, sin medir esfuerzos para realizarlos. Anfitrión delicado, está siempre bien con todos por su manera simple y gentil de oírlos con ternura. No esconde sus sentimientos de nadie. Escucha siempre la voz de su conciencia. Es un ser especial con la protección de Dios.

Profesionalmente, estará siempre "inspirado" para cualquier trabajo, pues cree en su potencial y no desperdicia oportunidades. Podrá envolverse con proyectos que sean realizados en otros países. Tendrá inspiración para la música o la poesía. Con la ayuda de su ángel, tendrá facilidad para trabajos relacionados con los elementales.

Genio contrario: Domina las malas cualidades psíquicas y morales, las inspiraciones satánicas, el disimulo, la angustia, el desánimo, el escándalo y la ingratitud. Podrá ser portador de malas noticias, contaminará las aguas y llegará a sacrificar animales.

67. AYEL

Nombre del ángel en letras hebreas: aleph/yod/ayn/aleph/lamed

Nombre del ángel en números: 1/10/16/1/12

Carta del tarot: El Emperador

Número de la suerte: 4

Mes de cambio: Abril

Ejerce dominio sobre: Albania

Planeta: Saturno

Hora: 22:00 a 22:20

Salmo: 36

Ayuda a tener consuelo en adversidades o injusticias. Favorece la longevidad, la preservación y la consolidación de bienes materiales adquiridos por medio del trabajo. Influye en los estudios, principalmente sobre filosofía, misticismo o religiones. Domina los cambios.

El nacido bajo esta influencia será iluminado por el espíritu de Dios, tendrá solidez en sus emprendimientos, se destacará en las investigaciones de esoterismo, cábala y astrología. Influyente, confiable, desaprueba las opiniones poco firmes y la deshonestidad. Transformará sueños y proyectos en realidad, pues nada sobrepasa los límites de sus posibilidades. En desacuerdo con la frivolidad, se sentirá siempre bien consigo mismo. No es interesado y sólo le gustan las demostraciones de afecto cuando sabe que son absolutamente sinceras. Sus romances serán afectuosos, porque se desarrollarán sin problemas ni presiones. Le dedica atención a la familia. Nunca deja a los demás una tarea sin terminar, alcanzando así todos sus objetivos con merecido éxito. Su salud se verá favorecida, ya que no cometerá excesos al considerar que el cuerpo es el templo del alma. Su retaguardia estará bien protegida contra la inestabilidad o la incomprensión de sus actos. Podrá seguir adelante con confianza; su ángel de la guarda está siempre a su lado.

Profesionalmente, estará siempre asumiendo nuevos cargos y realizando varias tareas a la vez, y eso lo hará muy feliz pues obtendrá el reconocimiento de sus superiores y una remuneración a su medida. Es una promesa de éxito, principalmente en el comercio.

Genio contrario: Domina la envidia, la amargura, la gula, el error y el prejuicio. La persona influenciada podrá perjudicar al prójimo, ser autor de sistemas incorrectos, charlatán, amante de la seducción barata, aun en la convivencia familiar o profesional, y vivir de frustraciones y nostalgias del pasado.

68. HABUHIAH

Nombre del ángel en letras hebreas: he/beth/vau/yod/he

Nombre del ángel en números: 5/2/6/10/5

Carta del tarot: La Rueda de la Fortuna

Número de la suerte: 10

Mes de cambio: Octubre

Ejerce dominio sobre: Los peloponeses (habitantes de Peloponeso, península griega meridional)

Planeta: Luna

Hora: 22:20 a 22:40

Salmo: 105

Ayuda a mantener la paz, a eliminar la fuerza de los malos y a curar los problemas de salud. Ejerce influencia sobre la agricultura, la creación y la fecundidad.

El nacido bajo esta influencia tiene clase, es elegante, noble y altruista en sus relaciones, gracias al dominio espíritu/ instinto. Su buen ánimo es contagioso. Es poderoso, inteligente, con gran capacidad de análisis. Logra catalogar todo lo que le llega a sus manos, dejando de lado lo que no interesa. Su conducta honesta será una protección contra debilidades e influencias negativas. Muchas veces pensará que "las puertas se cerraron", pero deberá saber que por cada puerta cerrada, su ángel le abrirá muchas otras. Entregará su futuro a Dios con total confianza y seguridad. Logra reunir en su interior libertad, integridad y totalidad. Encanta a todos dondequiera que esté. De espíritu maternal, ayuda a todos, a veces ingenuamente. Para progresar en su camino, es importante que use su habilidad de armonizar las relaciones entre sus entes más allegados, cuidando de no dejar atrás heridas o rencor. Con la ayuda de su ángel, sólo se acercará a las personas con las que tenga afinidad. Dotado de la protección de los elementales, en especial los relacionados con la Tierra, puede sentir la necesidad de estar en contacto con el campo, donde su inteligencia se manifiesta y tiene las mejores ideas.

Profesionalmente, podrá trabajar en cualquier actividad relacionada con la naturaleza. Tendrá habilidad manual, principalmente con plantas y flores (agricultura y jardines). Estudiará los aromas, las plantas y las hierbas, incluso desde el punto de vista histórico. Podrá ser botánico, jardinero o un gran fitoterapeuta, o trabajar con las flores de Bach.

Genio contrario: Domina la esterilidad, la presunción y el hambre. Facilitará la propagación de enfermedades como el SIDA, tendrá una actitud crítica contra los que exhiban habilidades para enseñar y les deseará mala suerte a sus familiares.

69. ROCHEL

Nombre del ángel en letras hebreas: resh/aleph/he/aleph/lamed

Nombre del ángel en números: 20/1/5/1/12

Carta del tarot: El Ahorcado

Número de la suerte: 12

Mes de cambio: Diciembre

Ejerce dominio sobre: Los cretenses (habitantes de Creta, isla griega)

Planeta: Júpiter

Hora: 22:40 a 23:00

Salmo: 15

Ayuda a encontrar objetos perdidos y muestra quién los escondió o robó. Influye en la posibilidad de obtener renombre, fortuna y éxito económico, político o judicial.

El nacido bajo esta influencia estará dotado de fuerza y energía, actuando siempre en forma benéfica con el prójimo. Tiene un magnífico genio inventivo y también una gran misión a cumplir con su familia. Participa intensamente en el sufrimiento de las personas amadas, conquistando así los grandes tesoros espirituales. Dotado de fuerte intuición, que se manifiesta a través de su inteligencia analítica, está desvinculado de los impulsos y tentaciones materiales. Tendrá siempre una gran facilidad de adaptación y ganas de aprender, sin desistir nunca de sus objetivos. No se sentirá atemorizado al enfrentar nuevas pruebas; los ángeles le indicarán, de ser necesario, un nuevo camino. Deberá saber que cada vez que pierde en el campo físico, gana en el espiritual.

Profesionalmente, podrá ser un gran economista, abogado, juez, político o trabajar en el comercio exterior. Siempre estará al servicio de las causas justas con su talento de orador.

Genio contrario: Domina las despensas inútiles, los procesos interminables, la legislación perversa, la terquedad y los impulsos egoístas. Bajo esta influencia podrá provocar la ruina de familias, manipular leyes en beneficio propio y organizar fraudes internacionales.

70. YABAMIAH

Nombre del ángel en letras hebreas: yod/beth/mem/yod/he

Nombre del ángel en números: 10/2/13/10/5

Carta del tarot: El Emperador

Número de la suerte: 4

Mes de cambio: Abril

Ejerce dominio sobre: Los beocios (habitantes el Golfo Pérsico hace seis mil años)

Planeta: Sol

Hora: 23:00 a 23:20

Salmo: 1er. Versículo del Génesis (sustituir por el salmo 91)

Domina la generación y todos los fenómenos de la naturaleza. Protege al que se redime o se regenera a través de la armonía, exaltando a Dios y purificando los elementos. Recupera a los adictos a las drogas y al alcohol. El que nace bajo esta influencia será premiado por el poder del mundo angelical. Sentirá confianza y optimismo en todos los sectores de su vida: sentimental, social y profesional. Las personas más próximas captarán esa sensación en sí mismos por su proximidad. Reservado, a veces introspectivo, percibe todo lo que lo rodea y, de ser necesario, entra en acción inmediatamente. Tendrá enorme fuerza de carácter y gran supremacía, mantenidas a cualquier precio. Su imagen es íntegra y no tiene nada que esconder. Espiritual, desprendido de todo lo que no sea esencial, logra regenerar a las personas, a las plantas y a los animales. Investiga mucho para descubrir la verdad. Es un verdadero liberal. Podrá ser conocedor de organizaciones cósmicas (La Gran Fraternidad Blanca, Los 7 Rayos, Angelología), recibiendo informaciones en forma intuitiva, perfeccionando y embelleciendo en cada nueva lectura su tercera visión. Su religión es la verdad. Dueño de su destino, lo tiene todo para realizarse.

Profesionalmente, se relacionará con las ciencias humanas, la docencia o el esoterismo. Podrá ser premiado en literatura o filosofía.

Genio contrario: Domina el ateísmo, las escrituras peligrosas, la crítica, las discusiones literarias, la controversia, la creación artificial, la especulación, la autodestrucción, la inmadurez, la incompetencia, la futilidad y la limitación.

71. HAIAIEL

Nombre del ángel en letras hebreas:
he/yod/yod/aleph/lamed

Nombre del ángel en números: 5/10/10/1/12

Carta del tarot: La Fuerza

Número de la suerte: 11

Mes de cambio: Noviembre

Ejerce dominio sobre: Los frigios (habitantes de región antigua de Asia Menor llamada Troya)

Planeta: Marte

Hora: 23:20 a 23:40

Salmo: 108

Ayuda a confundir a los malos y librar los vínculos con personas que nos quieren oprimir. Protege a los que recurren a la luz de la verdad. Domina la victoria y la paz. Influye a las personas para que tengan fuerza, energía, talento y seguridad en todo lo que emprendan.

El nacido bajo esta influencia lucha contra cualquier tipo de injusticia y sabe decidir entre lo cierto y lo equivocado. Su forma de pensar, esencialmente correcta, se refleja en su conducta. Combate la falsedad y es conocido por su forma de expresión. Se siente seguro si tiene apoyo del cónyuge y de la familia, que nunca le causarán problemas. Deberá recordar que los momentos difíciles llevan al crecimiento espiritual. Fiel, preocupado por su vida particular, necesitará ratos de aislamiento y soledad aunque no le guste vivir solo, porque lo angustia. Su ritmo de trabajo es rápido y obtiene recompensas antes de lo esperado.

Profesionalmente, se envolverá en procesos judiciales, transacciones financieras o inmobiliarias. Cualquier especulación financiera le dará ventajas. Facilidad en el trabajo manual como marroquinería, escultura, artesanía, actividades que podrá tener como hobby.

Genio contrario: Domina la discordia, la trampa, la corrupción, la avaricia, el matrimonio infeliz, las deudas innecesarias, el desperdicio, la envidia y la pereza. Podrá ser un mal consejero para inversiones o ser famoso por sus crímenes.

72. MUMIAH

Nombre del ángel en letras hebreas:
mem/vau/mem/yod/he

Nombre del ángel en números: 13/6/13/10/5

Carta del tarot: La Fuerza

Número de la suerte: 11

Mes de cambio: Noviembre

Ejerce dominio sobre: Tracia (región de Europa Oriental, dividida actualmente en Grecia, Turquía y Bulgaria)

Planeta: Neptuno

Hora: 23:40 a medianoche

Salmo: 114

Protege contra operaciones mágicas de las cuales no tenemos conocimiento. Ayuda a triunfar y a hacer descubrimientos útiles. Domina la física, la química, la medicina y la longevidad.

El nacido bajo esta influencia será famoso por sus maravillosos descubrimientos, develará los secretos de la naturaleza y tendrá palabras de fuerza y coraje contra la maldad. Le gustan los cambios porque son renovadores. Siempre reformula su forma de pensar. Lo desgastado será apartado, creando un nuevo ciclo, una nueva situación. Detesta cosas ilusorias y ayuda siempre a las personas a salir de estados depresivos. Busca sin cesar la verdad, para alcanzar una situación más objetiva de vida. Habrá una fuerza superior que desencadenará una serie de acontecimientos como consecuencia de su iniciativa o conocimiento. Su poder espiritual hace que la luz divina intervenga en el mundo material. Lucha por un ideal, trabaja magníficamente, reservando atención especial al estudio de las leyes. Atraerá riquezas con el poder de sus palabras. Su espiritualidad y su tendencia alquímica se manifiestan desde la infancia. Conoce la relación entre el micro y el macrocosmos.

Profesionalmente podrá ser un profesor renombrado o un gran abogado. Estudioso de la naturaleza, trabajará con elementales, medicina alternativa u oriental y filosofías como el yoga "Tantra". Será conocido por sus conocimientos de metafísica.

Genio contrario: Domina a los que detestan su propia existencia y no quisieran haber nacido. Domina la desesperación, la esterilidad, la tristeza, la agresividad, el egoísmo y la rebeldía con padres y parientes. Podrá ser pesimista, criticar y burlarse de los que no lograron estabilizarse en la vida y organizar suicidios colectivos.

CONCLUSION

C omenzar algo nuevo, a todos nos asusta, principalmente cuando se trata de esoterismo. Pero si terminate de leer este libro, es porque alcanzaste la madurez necesaria para develar estos nuevos caminos. Aquí encontraste orientación para conocer algunos de los misterios del mundo angelical. Descubriste el nombre de tu ángel personal, el del príncipe que domina cada jerarquía, las oraciones para invocarlos y la influencia maravillosa del ángel en la vida de cada uno. La duda que puede existir ahora tiene que ver con el porqué de tanta miseria, tanta violencia y corrupción si los ángeles tienen una influencia tan benéfica sobre los que nacen bajo su protección. La respuesta es hallada fácilmente en la actitud de cada ser humano ante su propia vida y ante la sociedad. Aunque pueda haber un rescate kármico para ser resuelto en esta existencia, la realización plena dependerá de cómo cada persona conduzca su vida en la Tierra. Cada vez que te lamentes, desees o causes mal a otros seres de la naturaleza, estarás creando el ambiente propicio para la acción del genio contrario. Nunca olvides que el bien y el mal están siempre juntos, separados por una línea peligrosamente tenue. Sé optimista, practica el bien, ayuda a los demás. Tu ángel guardián estará siempre cerca y tú serás merecedor de la realización de todas las gracias que pidas.

Un saludo,

Mónica Buonfiglio

BIBLIOGRAFIA

Agrippa, Henri Corneille, *La Maggie Celeste*. L'ile Verte, França, 1981.

Andreus, Ted, *Cómo conocer y trabajar con tu espíritu Guía*. USA, 1992

Angladas, Vicent Beltran, *La jerarquía, los ángeles solares y la humanidad,* Horus, Argentina, 1974.

Bardon, Franz, *Práctica de evocación mágica*. Dieter Ruddenerg, Alemanha, 1970.

Barret, Francis, *The Magus*. Francis Barret, 1989.

Blavatsky, Helena. *Glossário Teosófico*. Ground, 1989.

Budge, G.A., *Wallis, La magia egipcia*. Cultrix, 1983.

Chevalier, Jean e Gheerbrant, Alain, *Diccionario de Símbolos*. J.O:, 1988.

Colección Seu Destino Sua Vida, *Astrología*. Record, 1983.

Colección Seu Destino Sua Vida, *Tarot*. Record, 1983.

Colección Sua Sorte, *Astrología*. Nova Cultural, 1985.

Colección Sua Sorte, *El libro de la adivinación*. Nova Cultural, 1985.

Colección Sua Sorte,*Tarot*. Nova Cultural. 1985

Enciclopedia Británica. Vol. 15, 1966.

Ferreira, Aurelio Buarque de Holanda, *Novo Dicionário Aurélio da Língua Portuguesa*. Nova Fronterira, 1986.

Gallery Books, *Mitología Universal*. 1989.

Grupo Avtar, *O Livro de Decretos,* feeu, 1990.

Guenón, René. *El rey del mundo*. Esfinge, Portugal, 1982.

Guenón, René, *Os Símbolos da Ciencia Sagrada*. Pensamiento, 1984.

Halivi, Z'ev Ben Shimon, *Kabbalah*. Thames and Hudson, USA, 1985.

Hay, Louise, *O Poder dentro de Voce*. Best Seller, 1991.

Haziel, Les Anges, *Bussiere*, França, 1989.

Haziel, *Los ángeles planetarios y los días de la semana*. Bussiere, França, 1988.

Haziel, *Le Grand livre de Cabale magique*. Bussiere, França, 1989.

Haziel, *Repertoire des Anges*. Bussiere, Fança, 1992.

Hinnels, John R., *Dicionário de Religioes*. Cultrix, 1989.

Hodson, Geoffrey, *A Fraternidade de ángeles y hombres*. Pensamento, 1991.

King, Francis, *Técnicas de alta magia*. Madrid, 1976.

Lenain, *A Ciencia Cabal´sitica*. Martins Fontes, 1987.

Lenain, *La Science cabalistique*: Traditionnelles, França, 1982.

Levi, Eliphas, *A ciencia dos Espíritos*. Pensamento, 1989.

Levi, Eliphas, *Curso de Filosofía Oculta (Cartas ao Barao Spedalier). A Cabala y a Ciencia dos Números*. 1984.

Levi, Eliphas, *Dogma y Ritual de Alta magia*. Pensamento, 1984.

Levi, Eliphas, *Gran Arcana*. Pensamento, 1989.

Lorenz, F.V., *Cábala*. Pensamento, 1989.

Mc Lean, Dorothy, *A comunicaçao com os Anjos e os Devas*. Penamento, 1991.

Mc Lean, Penny, *Contacto con el ángel de la Guarda*. Pensamento, 1991.

Mc Lean, Penny, *Os Anjos Espíritos Protetores*. Pensmaento, 1992.

Papus, *A Cábala*. Martins Fontes, 1988.

Piobb, *Formulário de Alta Magia*. Francisco Alves, 1987.

Rola, Stanislas Klosscoshi, *Alquimia. Thomas and Hudson, 1989.*

Ronner, John, *Socé tem un anjo da Guarda*. Siciliano, 1989.

Seleçcoes do Rider's Gigst, *Historia del hombre*. Portugal, 1992.

Seligmann, Kurt, *História da Magia*. Esfinge, Portugal, 1979.

Solara, *Evocando sus guardianes celestiales*. Solara, USA, 1986.

Taylor, Terry Lynn, *Anjos, Mensajeiros de Luz*. Pensamento, 1991.

Thomas, Keith. *Religión y declinación de la magia*. Companhñia das Letras, 1991.

Tryon, René de, *A Cábala e a Tradiçao Júdaica*. Esfinge, Portugal, 1979.

Vinci Leo, *A Magia das Velas*. Pensamento, 1991.

Walker, D.P. *La Magie Spirituaelle et Angelique*. Albin Michel, França, 1974.

INDICE